하나님이 사랑하시는 소중한 딸
_____에게
이 편지를 전합니다.

많은 책들이 있지만 아침 큐티 시간 때마다 읽게 되는 책은 없었다. 그런데 이 책은 잠자리에서 일어나면 제일 먼저 읽고 싶은 책이 되었다. 내가 하나님에게 얼마나 특별한 존재인지를 상기해 주는 격려와 통찰력으로 가득한 책이다. _트리샤 고어

하늘 아버지가 독자인 딸에게 보내는, 페이지마다 예쁜 그림이 있는 사랑의 편지다. 성경 말씀에 근거한 멋진 선물이고 모든 여성들이 사랑받고 있다는 느낌으로 하루를 시작하고 마무리할 수 있게 한다. 여러 권을 사서 딸과 손녀들에게도 선물했다. _자넷 H. 맥헨리

개인적으로 이 책에 매우 감사한다. 하나님과의 관계를 다시 회복시켜 주었고 기도와 순결함의 능력을 비롯해서 많은 것들을 깨닫게 해주었다. 십대부터 성인까지 모든 여성들에게 권한다. 졸업, 결혼, 각종 기념일 선물로 아주 사려 깊은 선물이다. _크리스천 북 리뷰

크리스천 여성이라면 꼭 읽어야 할 책이다. 나의 왕으로부터의 사랑의 편지를 읽고 내가 하나님의 딸인 것을 인식하면서 하루를 시작하는 것은 삶 속에서 만나게 되는 매일의 수많은 도전들과 담대히 대면할 수 있는 힘을 준다. 매일의 경건 생활에도 놀라운 힘이 될 뿐만 아니라 우리가 만나는 특별한 자매들에게 선물하기에 훌륭한 책이다. _도나 로드웰

이 책, 정말 감동적이다. 책을 읽고 난 후 그 다음 주에 있는 여성 리트릿 강사가 이 책의 저자 세리 로즈인 것을 알고 깜짝 놀랐다. 그녀의 강의는 정말 즐거웠다. 그녀의 모든 책과 동영상을 진심으로 추천한다. 내가 받은 축복을 당신도 누리기를 소망한다. _뷰라

하루를 시작하기 전에 이 책의 아무 페이지나 펼쳐서 읽는데, 항상 긍정적인 마음으로 시작하도록 도와준다. _아네트 맥도날드

여성에 대한 부정적이고 패배의식을 심어 주는 메시지를 들으면서 자라온 내게 나의 구세주가 보내는 개인적인 편지 형식의 이 책은 큰 도전이 되었다. 성경 말씀에 근거해서 친근한 어투로 쓰인 진리들이 나를 향한 하나님의 친밀한 사랑을 느끼게 했다. 30년 이상 성경을 읽었는데 세리 로즈는 보편적인 진리 가운데 있던 나를 진정한 정체성과 삶의 목적을 깨닫게 하는 은사로 인도했다. _말리우

이 책은 정말 환상적이다! 내가 하나님께 더 가까이 가도록 도와주었다. 하나님과 갈등 중이거나 하나님이 멀리 느껴지는 사람들에게 아주 좋은 책이다. 하나님의 사랑을 새롭게 느끼고 싶은 모든 사람들에게 권한다.
_엘리사 버그

딸아, 너는 나의 보석이란다

딸아,
너는 나의
보석이란다

| 영한대조 |

Love Letters from your King

세리 로즈 세퍼드 지음
나명화 옮김

아바서원

너희가 나를 택한 것이 아니라, 내가 너희를 택하여 세운 것이다.

_요한복음 15:16

*이 책에 쓰인 성경 말씀은 새번역 성경에서 인용한 것입니다.

마음에서 마음으로

그때 나는 주말 여성 수련회 설교를 마치고 집으로 돌아오는 비행기 안에 있었다. 지친 몸을 의자등에 기대고 앉아서 지난 며칠 동안 멋진 자매들과 함께한 시간들을 회상했다. 우리는 함께 웃고, 울고, 잘 먹고, 잠은 거의 자지 못했다. 그렇게 많은 자매들이 안전함을 느끼며 자신의 고통을 내게 나누어 준 것은 나로서는 특권이었다.

하늘과 그 아래 펼쳐져 있는 구름을 응시하며 앉아 있는데 나의 새 친구들의 삶에서 기적을 보고 싶은 마음이 간절해졌다. 나는 궁금했다. 나의 설교 중 어떤 말이 에블린을 다시 시작할 수 있게 하고, 조이스의 아픔을 치유하고, 킴에게 용서할 힘을 주고, 앤에게 현재의 어려움을 통과할 수 있는 용기를 줄까?

인생은 마음대로 되지 않는다. 고작 주말 이틀 동안의 진리와 투명함, 설교가 그들의 삶을 향한 하나님의 부르심을 이루는 데 필요한 것들을 줄 수 있을까?

나는 나의 삶을 돌아보았다. 내가 하나님의 계획과 목적, 그리고 요청하기만 하면 내 것이 되는 하나님의 능력을 몰라서 허비했던 세월을 생

13

각해 보았다. 나를 자기 파멸의 길과 약물 중독, 우울과 스트레스로 인한 폭식증으로 이끌었던 어리석은 선택들…. 그때 나의 소원은 살을 빼고, 예뻐지고, 인기를 얻는 것이었다. 약물 중독과 체중 감량을 극복하고 난 후에는 돈과 성공, 다른 사람들의 인정과 찬사에 끌려다녔다. 그러나 일에서의 성공과 미인대회에서의 수상도 나를 만족시키지는 못했다.

공허함과 고통 가운데 있는 나에게 한 선교사 부부가 하나님이 내게 주신 멋지고 영원한 왕관에 대해 말해 주었다. 영원한 생명이라는 하나님의 선물을 받아들였을 때 나는 마침내 해답을 얻었음을 알았다. 그럼에도 내 과거로부터 완전히 자유해지고 나를 향한 하나님의 부르심을 발견하기까지는 몇 년이 더 걸렸다. 그때서야 나는 새롭게 창조되었고, 나의 과거를 십자가에 내려놓을 수 있었다.

비행기는 나를 집까지 안전하게 데려다주었으나 그날 밤 나는 편치 않은 마음을 품고 집으로 돌아갔을 수많은 자매들 때문에 마음이 아팠다.

이런 생각을 하다가 우리가 과거의 아픔과 실패, 두려움을 넘어 하나님의 공주로 살아갈 수 있다는 사실을 깨달았다. 나도 안다. 우리가 우리

딸아,
너는 나의
보석이란다

삶을 바라볼 때 자신을 왕족으로 생각하는 것이 얼마나 어려운 일인지. 그럼에도 하나님이 우리의 왕이시고 우리는 그분의 공주로 선택받았다는 것은 영원불변의 진리이다(벧전 2:9). 불행하게도 많은 사람들이 이 진리를 다른 사람의 인정과 우리 자신의 불안으로 채색된 거짓 정체성과 바꾸어 왔다.

그 다음 몇 달 동안 나는 우리가 진심으로 그분에게 귀 기울이고 그분의 말씀에서 그분을 찾고, 그분이 말씀하시는 것을 믿기만 하면 하나님이 우리에게 개인적으로 말씀하신다고 생각하는 것들을 글로 썼다.

당신의 영혼이 이 '사랑의 편지' 속에 깊이 잠길 때 당신이 누구인지, 왜 이곳에 있는지, 얼마나 사랑받고 있는지를 다시는 의심하지 않게 되기를 기도한다.

당신을 사랑합니다.
세리 로즈

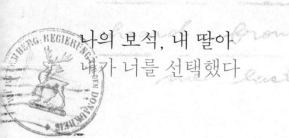

나의 보석, 내 딸아
내가 너를 선택했다

나는 땅의 기초가 세워지기도 전에 너를 나의 공주로 택했단다. 네가
스스로 공주라고 느끼지 못해도 너는 왕족이다. 나는 네가 나의 놀라
운 계획대로 살아갈 준비가 될 때까지 기다려 줄 것이다.
지금은 어디서 시작하고 어떻게 해야 할지 잘 모를 것이다.
그럴 거야. 그럼 내가 매일매일 너한테 가르쳐 줄 수 있게 해다오.
먼저 내가 누구인지를 알아보려무나. 나는 왕 중의 왕이고, 주 중의
주이고, 너의 영혼을 사랑하는 자란다.
우리가 매일 단둘이 만날 때마다 내가 너에게 주고 싶은 복을 가로막
고 있는 것들을 어떻게 하면 너의 삶에서 없앨 수 있는지 보여 주마.
나의 딸아, 기억해라. 내가 너를 택했듯이 네가 나를 대변하는 자로서
살아갈 것인지에 대한 선택권을 너에게 주었다.
네가 기꺼이 그렇게 살기로 선택하면 나는 너의 부르심을 이루는 데
필요한 모든 것을 너에게 줄 것이다.
너를 사랑한다. 너의 왕, 너를 택한 너의 주

너희가 나를 택한 것이 아니라, 내가 너희를 택하여 세운 것이다. 그것은 너희
가 가서 열매를 맺어, 그 열매가 언제나 남아 있게 하려는 것이다. 그리하여 너
희가 내 이름으로 아버지께 구하는 것은 무엇이든지 다 받게 하려는 것이다.
_요한복음 15:16

딸아,
너는 나의
보석이란다

My Princess...
MY CHOSEN ONE

I chose you before the foundation of the earth to be My princess. You are royalty even when you don't feel like a princess. I will wait for you until you are ready to start living the amazing plans I have for you. I know you don't know where to begin or how to become what I've called you to be, so let Me teach you day by day. Start by recognizing who I am: King of kings and Lord of lords. The Lover of your soul. When the two of us meet alone together every day, I will show you how to let go of the things in your life that are holding you back from the blessings I want to give you.

Remember, My child, just as I have chosen you, I have given you a choice to represent Me to the world. If you are willing, I am here to give you all you need to complete your calling.

Love, Your King and Lord who chose you

You didn't choose me, I chose you. I appointed you to go and produce fruit that will last, so that the father will give you whatever you ask for, using my name. JOHN 15:16

나의 보석, 내 딸아
너는 나의 귀하고 귀한 딸이다

너는 왕의 딸이다. 그것도 단순한 왕이 아니고 모든 하늘과 땅의 하나님인 나의 딸이다. 내가 너를 기뻐한다! 너는 내 눈의 눈동자 같은 존재이다. 너의 육신의 아버지도 너를 사랑하지만 그 사랑은 완전하지 않다. 그 사랑이 아무리 크다 해도 오직 나의 사랑만이 완전하다. 나는 사랑이란다.

내가 너의 몸을 만들었고 너의 마음과 영혼을 지었다. 나는 너의 성격도 알고 너의 필요와 소원도 안다. 네 마음의 고통과 실망도 알고 무엇보다 너를 열렬히 그리고 끈기 있게 사랑한다.

나의 딸아, 나는 우리가 영원히 친밀한 관계를 맺을 수 있도록 대가를 지불하고 너를 나의 딸로 맞이했다.

우리는 조만간 아버지와 딸로 얼굴을 대면하여 만날 것이고, 내가 너를 위해 준비한 천국의 멋진 집을 네가 경험하게 될 것이다. 그때까지 너의 눈을 하늘에 고정하고 나와 같이 걷자. 사랑하는 딸아, 나는 하나님이지만 내 팔이 너무 커서 너를 붙들 수 없는 일은 없다는 것을 너는 알 거야.

너를 사랑한다. 너의 왕, 너의 하늘 아버지

"그리하여 나는 너희의 아버지가 되고, 너희는 내 자녀가 될 것이다. 나 전능한 주가 말한다." _고린도후서 6:18

My Princess...
YOU ARE MY PRECIOUS DAUGHTER

You are a daughter of the King, and not just any king. You are My daughter, and I am the God of all heaven and earth. I'm delighted with you! You are the apple of my eye. You're Daddy's girl. Your earthly father may love and adore you, but his love is not perfect, no matter how great-or small-it is. Only My love is perfect...because I am Love. I formed your body. I fashioned your mind and soul. I know your personality, and I understand your needs and desires. I see your heartaches and disappointments, and I love you passionately and patiently. My child, I bought you with a price so that we could have an intimate relationship together for all eternity. Soon we will see each other face-to-face—Father and daughter—and you will experience the wonderful place I have prepared for you in paradise. Until then, fix your eyes on heaven, and walk closely with Me. You will know that—although I am God—My arms are not too big to hold you, My beloved daughter.

Love, Your King and your Daddy in heaven

"And I will be your Father, and you will be my sons and daughters, says the Lord Almighty." _2 CORINTHIANS 6:18

나의 보석, 내 딸아
너를 다른 사람에게 맞추려고 하지 마라

네가 사람들의 인정을 받고 싶어 하는 것을 내가 안다. 하지만 너는
너 자신을 다른 사람들에게 맞추도록 만들어지지 않았다. 너는 나의
공주로 아주 특별하게 창조되었다. 너는 너 자신이 주목받는 삶이 아
니라 다른 사람들을 내게로 인도하는 삶을 살도록 창조되었다. 그러
나 내 딸아, 기억해라. 생명에 이르는 길을 닦는 것은 너의 선택이다.
나는 네게 나와 함께 걸을 것인지 아니면 나를 떠날 것인지를 선택할
수 있는 자유의지를 주었다. 나는 무엇이든 강요하지 않는다. 다만 이
것만은 알아 두거라. 너는 언제든지 원하기만 하면 공주의 면류관을
쓸 수 있고 네가 내 딸이라는 것을 사람들에게 알릴 수 있다. 왕족으
로서의 부르심은 평생 유효하다. 너는 영원한 생명의 면류관을 쓰고
있고, 너를 통해 나는 네가 감히 꿈도 꾸지 못하는 많은 일들을 할 것
이다.

너를 사랑한다. 너에게 공주의 면류관을 준 너의 왕

내가 지금 사람들의 마음을 기쁘게 하려 하고 있습니까? 아니면, 하나님의 마
음을 기쁘게 해 드리려 하고 있습니까? 아니면, 사람의 환심을 사려고 하고
있습니까? 내가 아직도 사람의 환심을 사려고 하고 있다면, 나는 그리스도의
종이 아닙니다. _갈라디아서 1:10

딸아,
너는 나의
보석이란다

My Princess...
YOU DON'T HAVE TO FIT IN

I know you want to be accepted by others, but you were not made to fit in. You, My princess, were created to stand out. Not to draw attention to yourself, but to live the kind of life that leads others to Me. Remember, it's your choices that will pave your path to life. I will not force you to do anything. I have given you a free will to walk with Me or to walk away from Me. I want you to know that you can put on your crown at any time and let people know that you belong to Me. You have a royal call on your life. I want you to remember you wear the crown of everlasting life, and through you I will do abundantly more than you would ever dare to dream.

Love, Your King and Crown Giver

Am I now trying to win the approval of men, or of God? Or am I trying to please men? If I were still trying to please men, I would not be a servant of Christ. _GALATIANS 1:10, NIV

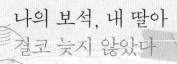

나의 보석, 내 딸아
결코 늦지 않았다

나의 사랑아, 내게로 돌아오기에 너무 늦은 때란 없다. 내가 삶과 죽음의 선택권을 네게 주었을 때 아직 카운트다운은 시작되지 않았다. 너를 향한 나의 사랑에는 시간제한이 없다.

나는 오래 참을 수 있지만 네가 나와 함께하는 소중한 시간을 단 한 순간도 놓치지 않았으면 좋겠구나. 너는 나를 찾기 위해 어디에도 갈 필요가 없다. 그냥 큰 소리로 나를 부르기만 하면 된다. 그러면 내가 네게로 갈 것이다. 지금까지 네가 어디에 가든지 나의 은총이 너를 따라다녔고, 네가 무엇을 하든지 나의 보혈로 너를 덮어 주었다.

나의 딸아, 오늘 내게로 오너라. 내가 너의 상한 곳을 만져 주고, 네가 잃어버린 것을 회복시켜 주겠다. 먼 훗날 너는 내 뜻대로 공주의 모습으로 변화된 이 순간을 생애의 전환점으로 추억하게 될 것이다. 지금 내게로 오너라. 다시 사랑을 나누자.

너를 사랑한다. 한계를 모르는 너의 왕

여호와의 말씀이다. 지금도 늦지 않았다. 이제라도 너희의 온 마음을 다해 내게 돌아오라. _요엘 2:12, CEV

딸아,
너는 나의
보석이란다

My Princess...
IT'S NEVER TOO LATE

It is never too late to turn to Me, My love. I didn't start a countdown when I gave you the choice between life and death. There is no time limit on My love for you. I am patient, yet I don't want you to miss out on any precious time with Me. There is no place you have to go to find Me. Just cry out to Me, and I will come to you. Wherever you've gone My grace has followed you. Whatever you've done My blood has covered you. Come to Me today, and I will do more than repair the damage done...I will restore what was lost. Someday you will look back on this moment as the turning point that transformed you into the princess I called you to be. Now come to Me, and let's fall in love all over again.

Love, Your King who knows no limits

The LORD said: It isn't too late. You can still return to me with all your heart. _JOEL 2:12, CEV

나의 보석, 내 딸아
세상에서 나의 빛이 되어라

내가 너의 어둠 속으로 걸어 들어간 것은 네가 나를 위한 빛이 되도록 하기 위해서란다. 주위에 있는 모든 사람들의 삶을 환하게 만들 능력을 내가 너에게 주었는데 알고 있니?

너는 세상을 비추는 나의 빛이다. 그러니 나와 함께 걷자. 그러면 오늘 내가 나의 사랑과 능력으로 너의 삶을 환하게 밝혀 주마. 나를 바라보아라. 그러면 네가 오늘 누군가의 어둠에서 빛이 되게 해주마.

불확실한 불안 아래 너의 빛을 감추지 말아라. 나와 더 많은 시간을 보내자. 그러면 저항할 수 없는 경건함으로 너를 빛나게 해주마.

네가 허락한다면 나는 너를 하늘을 가리키는 나의 별이 되어 빛을 발하고 상한 영혼들에게 소망을 주게 할 수 있단다.

너를 사랑한다. 세상의 참 빛인 너의 왕

너희는 세상의 빛이다. 산 위에 세운 마을은 숨길 수 없다. 또 사람이 등불을 켜서 말 아래에다 내려놓지 아니하고, 등경 위에다 놓아둔다. 그래야 등불이 집 안에 있는 모든 사람에게 환히 비친다. _마태복음 5:14-15

My Princess...
BE MY LIGHT TO THE WORLD TODAY

I stepped into your darkness so you would shine for Me. Did you know that I have empowered you to light up the lives of everyone around you? You are My light to the world. So walk with Me, and let Me illumine your life today with My love and My power. Look to Me, and I will make you the bright spot in someone's darkness today. Don't hide your light beneath your uncertainties and insecurities. Spend more time with Me and I will make you glow with a godliness that's irresistible. If you will let Me, I'll make you shine in such a way that you will be My star that points to heaven and brings hope to the hurting. Love, Your King and True Light of the world

You are the light of the world like a city on a mountain, glowing in the night for all to see. Don't hide your light under a basket! Instead, put it on a stand and let it shine for all. _MATTHEW 5:14-15

나의 보석, 내 딸아
승리를 향해 달려라

나의 딸아, 너는 이기게 되어 있단다. 항상 옳은 일을 하고 바른말을 해야 한다는 부담감으로 자주 지치고 힘들어하고 있구나. 그 부담을 벗어라. 그것은 내가 준 것이 아니다.

세상 사람들은 그들이 보고 듣는 것으로 너를 판단하지만 나는 너의 중심을 본다. 네게는 나를 기쁘게 하고 싶고, 또 사람들에게 잘 보이고 싶은 두 가지 마음이 있다는 것을 안다. 그러나 인생이라는 인내의 경주에서 승리하고 싶다면 다른 사람의 인정을 받고 싶은 욕구는 내려놓고 나의 뜻과 나의 즐거움을 구해라. 너를 누르고 있는 짐들을 벗고 단순하게 살아라. 나의 은혜로 너의 걸음이 가벼워지고, 나의 선대함으로 다른 사람들이 네게 오는 것을 보게 될 것이다.

그래. 때로는 비틀거리고 넘어지기도 할 것이다. 그러나 네가 아무리 자주 넘어져도 내가 너를 일으켜 주겠다. 나와 함께 달리는 것이 너의 매일의 열정이 되게 해라. 그러면 내가 믿음의 결승선으로 너를 데려가 주겠다. 우리 함께 승리할 거야!

너를 사랑한다. 너의 왕, 너의 챔피언

경기장에서 달리기하는 사람들이 모두 달리지만, 상을 받는 사람은 하나뿐이라는 것을 여러분은 알지 못합니까? 이와 같이 여러분도 상을 받을 수 있도록 달리십시오. _고린도전서 9:24

딸아,
너는 나의
보석이란다

My Princess...
RUN TO WIN

You, My princess, are destined to win. I know how tired you often become, just by trying to do and say all the right things. Take that pressure off yourself, because I did not put it there. The world may judge you by what they see and hear, but I look within your heart, My child. I see your desire to please Me, and I see your struggle to please others. If you want to win this endurance race, you must let go of your need for the approval of others and seek My will and My pleasure. Simplify your life, and let go of the burdens that weigh you down. You'll find that My grace will lighten your step, and My favor will even draw others to join you. Yes, at times you will stumble and fall. But don't worry. I'm here to help you get back up again—as often as it takes. Make it your daily passion to run with Me, and I will carry you over the finish line of your faith. Together we will win!

Love, Your King and your Champion

Remember that in a race everyone runs, but only one person gets the prize. You also must run in such a way that you will win.
_1 CORINTHIANS 9:24

나의 보석, 내 딸아
나는 길이다

네가 살아갈수록 나를 떠나서는 생명을 얻을 다른 길이 없다는 것을 알게 될 것이다. 나는 길이 없는 곳에 길을 만드는 자이다. 나는 너의 죄를 다 씻어 주고 몇 번이고 계속해서 새롭게 시작할 수 있게 하는 자이다.

네가 사람들과 교제하고, 물건을 사고, 목표를 달성하는 것에서 얻는 즐거움은 영원하지 않다. 세상의 트로피들은 한때는 빛이 나지만 언젠가는 모두 퇴색하고 만다.

나는 네가 필요로 하는 힘이고 네 인생의 목적이다. 내가 십자가에서 네게 준 것을 줄 수 있는 사람은 아무도 없다.

나의 딸아, 내가 약속한다. 나를 찾아라. 그러면 너는 영원한 생명의 비밀을 발견하게 될 것이다.

너를 사랑한다. 너를 위해 길을 만드는 너의 왕

"나는 네 하나님 여호와다. 가장 좋은 것을 네게 가르치고 네가 가야 할 길로 이끄는 하나님이다."_이사야 48:17, NIV

딸아,
너는 나의
보석이란다

My Princess...
I AM THE WAY

The longer you live, the more you will discover there is no other way to have a life that makes a difference apart from Me. I am the one who makes a way where there is no way. I am the one who washes away your sin and gives you a new start over and over again. You may find some pleasure in knowing people or collecting things or accomplishing goals, but it won't be everlasting, My love. The trophies of this world will shine for a season, but all will turn to dust one day. I am the power you need and your purpose for living. No one can give you what I gave you at the cross. I promise, My princess, if you seek Me you will find the secret to everlasting life.

Love, Your King who makes a way for you

"I am the LORD your God, who teaches you what is best for you, who directs you in the way you should go." _ISAIAH 48:17, NIV

나의 보석, 내 딸아
가장 중요한 것을 보아라

나의 귀한 딸아, 내가 너에게 보여 줄 게 참 많구나. 세계 곳곳에서 일
어나는 재난과 사고들 때문에 마음이 어렵지 않니? 네 마음을 안다.
지금 내게로 오너라. 그러면 너를 산꼭대기로 데려가마.
너의 영적인 눈을 열어서 무엇이 가장 중요한지를 보게 해줄게.
너의 눈을 나에게, 그리고 내가 하는 말에 고정해라. 그러면 네 주변
에 일어나는 모든 일에서 일하고 있는 나의 손을 보게 될 것이다. 세
상의 시선이 너를 향하고 있다는 것을 기억해라. 그러니 네 눈을 내
게, 그리고 사람들을 향한 나의 영원한 계획에 고정시켜서 내가 누구
인지를 그들에게 보여 주어라.
너를 사랑한다. 너의 눈을 열어 주는 너의 왕

우리는 보이는 것을 바라보는 것이 아니라, 보이지 않는 것을 바라봅니다. 보
이는 것은 잠깐이지만, 보이지 않는 것은 영원하기 때문입니다.

_고린도후서 4:18

딸아,
너는 나의
보석이란다

My Princess...
SEE WHAT MATTERS MOST

I have so much to show you, My precious. I know you see the troubles of this world, and they sometimes overwhelm you. So come to Me, and I will take you to the mountaintop. I will open your spiritual eyes so that you may see an eternal view of what matters most. Keep your eyes on Me and in My Word, and you will see My hand at work in everything around you. Remember, My princess, the eyes of the world are on you, so show them who I am by keeping you eyes fixed on Me and My eternal plan for people.

Love, Your King and Giver of sight

So we don't look at the troubles we have tight now; rather, we look forward to what we have not yet seen. For the troubles we see will soon be over, but the joys to come will last forever. _2 CORINTHIANS 4:18

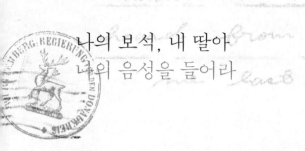

나의 보석, 내 딸아
너의 음성을 들어라

나는 항상 이곳에 있다. 내가 너무 바빠서 너와 대화하지 못하는 일은 결코 없다. 네가 나의 음성을 듣지 못하도록 방해하는 것들을 꺼버린 다면 내가 네 마음속에서 말하는 것이 들리기 시작할 것이다.

네가 어디로 가야 할지 모를 때는 나의 영적인 지시를 듣게 될 것이고, 친구가 필요할 때는 "내가 여기 있다"는 나의 속삭임을 듣게 될 것이다. 위로가 필요할 때는 "내게로 오라"고 내가 너를 부르는 소리를 듣게 될 것이다.

너의 마음에서 울려 퍼지는 불안한 목소리 때문에 나의 조용하고 나지막한 음성을 듣지 못하는 일이 없게 해라. 마음을 고요히 하고 귀를 기울이면 내가 너의 하늘 아버지이고 너는 나의 귀한 딸이라는 것을, 그리고 나는 네가 내게 귀기울이는 순간을 좋아한다.

너를 사랑한다. 너의 왕, 하늘 목소리

내 양은 내 음성을 들으며 나는 그들을 알며 그들은 나를 따르느니라.

_요한복음 10:27, 개역개정

My Princess...
HEAR MY VOICE

I am always here for you. I'm never too busy to talk to you, My beloved. If you will turn off the things around you that drown out My voice, you will begin to hear Me in your spirit. When you don't know where to go, you will hear Me give you divine direction. When you are in need of a friend, you will hear Me whisper, "I am here." When you need comfort, you will hear Me call to you, "Come to Me." Don't let the voice of your own uncertainties distract you from My still, small voice. Quiet your spirit, and know that I am your Heavenly Father and you are My precious daughter—and I love when you listen to Me.

Love, Your King and the Voice of heaven

My sheep listen to my voice; I know them, and they follow me.

_JOHN 10:27, NIV

나의 보석, 내 딸아
능력 있는 기도를 해라

너에게는 누군가의 길을 막고 서 있는 산을 옮길 능력이 있다.

네가 시간을 내서 기도를 한다면 네가 내게 올려 주는 사람들의 삶으로 나의 능력이 들어갈 것이다.

나는 너의 기도를 듣는 왕이다. 기도의 용사인 내 딸아, 너에게는 우주의 하나님인 나에게 너를 대신해서 개입해 달라고 요청할 수 있는 권한이 있다! 어떤 문제나 사람에 대해 네 힘으로 해결하려고 애쓰지 마라. 나는 길이 없어 보일 때 길을 만들 수 있는 자이다.

눈으로 나를 볼 수 없다고 해서 너의 기도의 능력을 과소평가하지 마라. 믿음으로 나를 부르면 내가 너에게로 가서 일할 것이다.

너를 사랑한다. 너의 왕, 기적의 아버지

너희가 내 이름으로 구하는 것은, 내가 무엇이든지 다 이루어 주겠다. 이것은 아들로 말미암아 아버지께서 영광을 받으시게 하려는 것이다. 너희가 무엇이든지 내 이름으로 구하면, 내가 다 이루어 주겠다. _요한복음 14:13-14

딸아,
너는 나의
보석이란다

My Princess...
PRAY WITH POWER

My anointed one, you have the power to move a mountain that stands in someone's way. If you will take the time to pray, My power will be released into the lives of those you lift up to Me. I am your King who hears your prayers. As My princess prayer warrior, I've given you authority to call on Me, the God of the universe, to intervene on your behalf! Don't exhaust yourself trying to fix people or problems in your own strength. I am the one who can make a way when there appears to be no way. So don't underestimate the power in your prayer just because your eyes cannot see Me. Call on Me by faith, and know that I will come.

Love, Your King and Father of miracles

You can ask for anything in my name, and I will do it, because the work of the Son brings glory to the Father. Yes, ask anything in my name, and I will do it! _JOHN 14:13-14

나의 보석, 내 딸아
고난을 통해 승리해라

네가 지금 슬픔의 정원에 있는 것을 내가 안다. 밤의 어두운 시간 속에서 도와달라고 부르짖는 소리를 내가 듣고 있다. 나도 배반당한 그밤에 그 동산에서 울부짖었단다. 고통 가운데서 덜 고통스런 다른 길을 달라고 나의 아버지께 부르짖었단다. 그러나 나는 나의 삶을 위한 아버지의 뜻과 목적을 신뢰했고, 결국에는 십자가에서 승리할 것을 알았다. 올리브를 짜야 올리브기름이 나오듯이 나는 너를 위한 사랑의 제물로 나의 생명을 쏟아부었다. 내가 너와 함께한다는 사실과 내가 너를 위로와 평안, 승리의 장소로 데려가기를 간절히 원한다는 것을 의심하지 마라.

네가 나를 볼 수 없을 때에도 나는 너를 위해 일하고 있다.

너를 누르고 있는 모든 상황들을 내게 넘겨주고 기도로 내게 오너라.

정원을 떠날 시간이 되면 내가 너와 함께 골짜기를 건너 곧바로 십자가로 갈 것이고, 그곳에서 너의 고난은 승리로 바뀔 것이다.

너를 사랑한다. 너의 구원자, 너의 승리자

여러분은 믿음의 시련이 인내를 낳는다는 것을 알고 있습니다. 여러분은 인내력을 충분히 발휘하여, 조금도 부족함이 없이 완전하고 성숙한 사람이 되십시오.

_야고보서 1:3-4

딸아,
너는 나의
보석이란다

My Princess...
TRIUMPH THROUGH TRIALS

I see you when you are in the garden of grief, My princess.
I hear your cry for help in the dark hours of the night. I
Myself cried out in the garden the night I was betrayed. In My
suffering I asked My Father for another way—a less painful
way. Yet I trusted His will and purpose for My life and knew
the ultimate victory was at the cross. Just as olives must be
crushed to make oil, I poured out My life as a love offering
for you. Don't ever doubt that I am with you and that I long
to take you to a place of comfort, peace, and victory. Even
when you cannot see Me from where you are, I am working
on your behalf. Give to Me the crushing weight of your
circumstances, and come to Me in prayer. When it is time to
leave the garden, I will walk with you across the valley and
straight to the cross—where your trials will be transformed
into triumph.

Love, Your Savior and your Victor

For when your faith is tested, your endurance has a chance to grow.
So let it grow, for when our endurance is fully developed, you will
be strong in character and ready for anything _JAMES 1:3-4

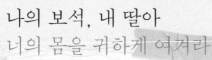

나의 보석, 내 딸아
너의 몸을 귀하게 여겨라

너의 몸은 내가 준 선물이란다. 너는 너무나 소중하기 때문에 나쁜 사람이 그 선물을 열게 해서는 안 된다. 너는 나의 보물이고 나의 영이 네 안에 살고 있다. 너의 영과 몸이 네가 진리라고 생각하는 것들과 전쟁 중인 것을 내가 알고 있다.

사랑하는 딸아, 기억해라. 나는 너를 위해 싸워 줄 수 있다. 그러니 내가 주는 가장 좋은 것을 순간의 쾌락을 위해 타협하지 마라.

네 몸을 귀하게 여기지 않는 것이 당장에는 별 해로울 것이 없는 듯 보일지라도 그 고통은 쾌락만큼의 가치가 없다.

잘 들어라, 내 딸아. 너의 영혼이 어떻게 되든 신경 쓰지 않는 세상 사람들을 따라 하지 마라. 네 자신을 내게 다오. 그러면 네가 찾고 있는 사랑을 내가 주겠다.

너를 사랑한다. 너의 왕, 너의 순결

우슬초로 나를 정결케 해주십시오. 내가 깨끗하게 될 것입니다. 나를 씻어 주십시오. 내가 눈보다 더 희게 될 것입니다. _시편 51:7

딸아,
너는 나의
보석이란다

My Princess...
TREASURE YOUR BODY

Your body is a gift from Me, and you are too valuable to let the wrong person open that gift. You are My treasure, and My Spirit dwells within you. I know there is an inner war raging for your soul and your body—fighting against all you know to be true. Remember, My love, I can fight this battle for you, so don't compromise My best for you for a moment of passion. I know it may seem harmless to give yourself away, but the pain is not worth the pleasure. Listen, My love: Don't imitate those in the world who care nothing for your soul. Give yourself to Me, and I will give you the love you're looking for.

Love, Your King and your Purity

Purify me from my sins, and I will be clean: wash me, and I will be whiter than snow. _PSALM 51:7

나의 보석, 내 딸아
너의 죄는 영원히 용서를 받았다

나는 너를 위해 나의 생명을 기꺼이 주었다. 너의 왕인 나는 너의 죄가 용서받고 네가 생명의 면류관을 받게 하기 위해 십자가로 갔다. 그것은 평범한 면류관이 아니라 영원한 생명의 면류관이다.

만약 네가 이 용서의 선물을 거절한다면 그것은 나의 죽음이 너의 죄를 다 덮기에 충분하지 않다고 말하는 것이다.

나의 딸아, 이제 그만 너의 죄를 놔주고 너 자신과 너에게 상처 준 사람들을 용서해라. 네게 상처를 준 사람들이 회개하고 올바로 행하지 않으면 내가 반드시 갚아 줄 것이다. 그동안 너는 자유롭고… 용서를 받았다.

네가 죄를 고백하면 나는 그것을 망각의 바다에 던져 버리고 두 번 다시 보지도, 기억하지도 않을 것이다. 그러니 나의 딸아, 너를 묶고 있는 죄를 이제는 놓아주고 자유롭고 충만한 삶을 살아라.

너를 사랑한다. 너의 왕, 예수

주님, 주님은 선하시며 기꺼이 용서하시는 분, 누구든지 주님께 부르짖는 사람에게는, 사랑을 한없이 베푸시는 분이십니다. _시편 86:5

딸아,
너는 나의
보석이란다

My Princess...
YOU ARE FORGIVEN FOREVER

My love, I willingly gave My life here on earth and died for you. I went to a cross as your King so that your sin would be forgiven and so you would receive a crown. Not just any crown, but the crown of everlasting life. If you refuse to receive the gift of forgiveness that comes from Me, then you are saying My death isn't enough to cover your sin. Please, My princess, let go of your guilt and forgive yourself and those who have hurt you. In due time I will repay those who hurt you if they don't repent and do what is right. In the meantime you are free...you are forgiven. Once you've confessed your sin to Me, I cast it into the sea of My forgetfulness—never to see or remember it again. So let go and live a free and full life, My precious one.

Love, Your King, Jesus

O Lord, you are so good, so ready to forgive, so full of unfailing love for all who ask your aid. _PSALM 86:5

나의 보석, 내 딸아
네 상이 클 것이다

아무도 너를 주목하지 않을 때에도 나는 너를 보고 있다. 네가 아무도 돌보지 않는 다른 사람들의 필요를 채워 줄 때에도 나는 너를 보고 있다. 네가 스포트라이트가 없는 곳에서 관대한 손길을 베풀 때에도 나는 너를 보고 있다. 너의 이름이 세상이 알아주는 명판에 새겨지지 않더라도 나는 너를 보고 있다.

나도 안다. 너에게도 누군가의 인정이 필요하다는 것을. 하지만 그만두지 마라. 네가 세상 어디에서도 살 수 없고, 모든 이의 칭찬에서도 발견할 수 없는 상을 내가 너에게 줄 것이다. 네가 나의 나라를 위해 한 모든 것을 빨리 축하해 주고 싶어서 참을 수가 없구나. 너의 헌신과 수고에 무척 기쁘단다.

그 멋진 날, 내가 너와 너의 선한 일들을 모든 사람들이 보도록 높여주는 그날이 될 때까지, 네가 이 땅에서도 나의 복들을 맛보게 하고 싶다. 네가 신실한 삶을 살아서 참 고맙다.

가장 좋은 것은 아직 오지 않았다.

너를 사랑한다. 너의 왕, 너의 상급

"보아라, 내가 곧 가겠다. 나는 각 사람에게 그 행위대로 갚아 주려고 상을 가지고 간다." _요한계시록 22:12

My Princess...
YOU WILL BE GREATLY REWARDED

I see you when no one else does. I see you meet others needs when no one is looking. I know when you give generously when there is no spotlight. Your name may never be on a plaque for the world to notice, but I see you, My faithful one. I know you need to be appreciated for who you are and all you do. But don't give up. I will bring you a reward that can't be bought in a store or found in the praises of people. I can't wait to celebrate in heaven all you have done to further My kingdom. I'm so pleased with your dedication and good works. Until that great day—when I exalt you and your good works for the whole world to see—let Me give you a taste of those blessings here on earth. Thank you for your faithfulness, My princess. The best is yet to come.

Love, Your King and your Rewarder

See I am coming soon and my reward is with me to repay all according to their deeds. _REVELATION 22:12

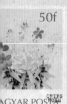

나의 보석, 내 딸아
나를 따라오너라

너의 발은 나를 따를 때 아름답다. 나는 길이요, 진리요, 생명이다. 내가 너에게 발을 준 것은 네가 평생 동안 나와 함께 걷도록 하기 위해서다. 모세의 걸음이 나의 백성을 노예의 신분에서 끌어내었듯이 나와 함께 걷는 너의 걸음은 나의 거룩한 개입으로 가득하게 될 것이다.

내가 이끄는 대로 네가 따라온다면, 너는 우리가 같은 방향으로 함께하는 여정에서 나를 느끼게 될 것이다. 네 걸음이 좁은 길에서 벗어나지 않기를 바란다. 그러면 나는 네게 기름 부어서 네가 생명의 소식을 다른 사람들에게 전하게 할 것이다. 너는 내가 나를 알고자 하는 모든 자들에게 구원을 베푸는 하나님인 것을 그들에게 담대히 전하게 될 것이다. 나의 딸아, 나와 같이 걸어가자.

너의 영혼 안에는 삶을 바꾸는 나의 진리가 있다.

너를 사랑한다. 너의 왕, 너의 구원자

놀랍고도 반가워라! 희소식을 전하려고 산을 넘어 달려오는 저 발이여! 평화가 왔다고 외치며, 복된 희소식을 전하는구나. 구원이 이르렀다고 선포하면서, 시온을 보고 이르기를 "너의 하나님께서 통치하신다" 하는구나.

_이사야 52:7

딸아,
너는 나의
보석이란다

My Princess...
FOLLOW ME

Your feet are beautiful when they follow Me. I am the Way, the Truth, and the Life, My love, and I have given you feet to walk with Me through this life. Just as Moses walked My people out of slavery, your walk with Me will be filled with My divine intervention. If you follow My lead, you will feel Me as we journey together in the same direction. I want you to keep your feet on the narrow road, and I will anoint you to take My life-giving news to others. You will have the courage to tell them that I am the God who gives salvation to all who want to know Me. Keep walking with Me, My princess, because you carry My life-changing truth inside your soul.

Love, Your King and your Deliverer

How beautiful on the mountains are the feet of those who bring good news of peace and salvation, the news that the God of Israel reigns! _ISAIAH 52:7

나의 보석, 내 딸아
너는 나의 진정한 아름다움이다

너의 아름다움은 나의 손으로 빚은 예술작품이란다. 나는 네게 생명의 말을 하는 아름다운 입술을 주었고, 모든 것에서 나를 볼 수 있는 아름다운 눈을 주었다. 또 어려운 사람들을 도울 수 있는 아름다운 손을 주었고, 세상 사람들에게 나의 사랑을 비춰 줄 아름다운 얼굴을 주었다.

내가 너를 보는 것처럼 네가 네 자신을 보지 못하는 것은 네가 곧 잊혀질 세상의 우상들과 너를 비교하기 때문이다. 나는 너의 내면이 진정한 아름다움을 발산하도록 놀라운 일을 할 것이다.

나의 작업이 끝나면 너의 성품은 나의 멋진 솜씨를 드러낼 것이고 너의 아름다움은 네가 사랑하는 모든 사람들에게 기억될 것이다.

너를 사랑한다. 빛을 발하는 너의 왕

우리의 딸들은 궁전의 아름다움을 돋보이게 하는 조각 기둥들 같을 것입니다.
_시편 144:12, NIV

My Princess...
YOU ARE MY TRUE BEAUTY

Your real beauty is a work of art—hand carved by Me. I have given you beautiful lips to speak words of life, beautiful eyes to see Me in everything, beautiful hands to help those in need, and a beautiful face to reflect My love to the world. I know you don't see yourself the way I do because you compare yourself to beauty idols that will soon be forgotten. I will work wonders that will radiate true beauty from within. And when My work is completed, your character will show off My craftsmanship, and your beauty marks will be remembered by all that were loved by you.

Love, Your radiant King

Our daughters will be like pillars carved to adorn a palace.

_PSALM 144:12, NIV

나의 보석, 내 딸아
환난의 날에 나는 너와 함께 있다

내가 어떤 상황에서도 너와 함께 있음을 의심하지 말아라. 시련의 불이 아무리 뜨거워도 내가 있는 한 그 불꽃은 너를 태우지 못한다. 사드락과 메삭, 아벳느고가 불 속에서 믿음의 시험을 받을 때 내가 그들과 함께했던 것처럼 나는 너의 마음이 흔들리지 않고 나와 함께 이 환난을 통과할 수 있도록 도울 준비를 하고 있다.

나의 딸아, 지금은 보이지 않아도 너는 장차 불에 연단받고 나의 임재 가운데 정련된 귀한 은이 될 것이다. 내가 너를 태우려고 불 가운데 두지 않았다는 것을 기억해라. 네 마음이 힘들 때 나를 신뢰하고, 가장 뜨거운 불 속에서 내가 너를 위해 행하는 놀라운 일을 지켜보아라. 너를 사랑한다. 너를 단련시키는 너의 왕

주님은 나의 힘, 나의 방패이시다. 내 마음이 주님을 굳게 의지하였기에, 주님께서 나를 건져 주셨다. 내 마음 다하여 주님을 기뻐하며 나의 노래로 주님께 감사하련다. _시편 28:7

딸아,
너는 나의
보석이란다

My Princess...

I'M WITH YOU IN TIMES OF TROUBLE

You never need to doubt if I am in the midst of your circumstances. No matter how hot the fire seems, the flames will not scorch you as long as I am present. Just as I was with Shadrach, Meshach, and Abednego in their fiery test of faith, I am here now with you, ready to cool you off and keep you calm as we walk through this trial together. You may not see it now, but you, My princess, will someday be like precious silver that has been refined by fire and purified in My presence. Remember, I did not put you in a fire to burn you out. Trust Me with your troubled heart, and watch Me do wonders for you in the midst of the hottest flames.

Love, Your King and your Refiner

The LORD is my strength, my shield from every danger. I trust in him with all my heart. He helps me, and my heart is filled with joy.

_PSALM 28:7

나의 보석, 내 딸아
자유는 선택이다

나는 너에게 너를 묶고 있는 것들로부터 자유로워질 수 있는 열쇠를
주고 싶다. 네가 그 열쇠로 축복의 문을 열어 내 안에서 복된 삶을 사
는 것을 정말 보고 싶구나. 그러나 선택권은 너에게 있단다.

너는 내 안에서 완전한 자유를 누릴 수도 있고, 스스로 자유로워지기
위해 애쓸 수도 있다.

나의 딸아, 내가 약속하건데 네가 원하는 생명 열쇠를 줄 수 있는 유
일한 자는 나뿐이란다. 그 열쇠는 나의 말씀 속에 감추어져 있는데,
너의 기도로 힘을 얻고 네 안에 살고 있는 성령의 사역으로만 얻을
수 있단다. 사랑하는 딸아, 그 길을 선택하고 생명을 선택해라.

너를 사랑한다. 너의 왕, 너의 자유

그러므로 아들이 너희를 자유롭게 하면, 너희는 참으로 자유롭게 될 것이다.

_요한복음 8:36

딸아,
너는 나의
보석이란다

My Princess...
FREEDOM IS A CHOICE

I long to give you the keys to be free from the things that bind you and see you break through to a blessed life in Me. But your freedom is a choice...your choice. You can be totally free in Me or try to set yourself free. I promise, My princess, I am the only One who can give you the life-giving keys you need and want. The keys are hidden in My Word, empowered by your prayer, and completed by the work of My Holy Spirit living in you. Choose the way, My love...choose life.

Love, Your King and your freedom

So if the Son sets you free, you will be free indeed. _JOHN 8:36, NIV

나의 보석, 내 딸아
네가 사랑하는 이들을 내게 맡겨라

내가 너의 마음을 왜 모르겠니. 네가 가까운 이들을 얼마나 사랑하는지 잘 안다. 나는 너의 창조주이고 모든 좋은 선물을 주는 자이다.

너의 삶을 나눌 사랑하는 사람들을 준 자도 나이다.

그러나 나의 딸아, 네가 사랑하는 사람들도 궁극적으로 내게 속한 자들임을 기억해라. 그들은 네게 속한 자들이 아니다.

내가 네게 그런 특별한 관계들을 준 것은 너를 아프게 하거나 미래에 대한 두려움으로 너를 통제하려는 것이 아니다. 아브라함이 그의 외아들 이삭을 내게 맡겼던 것처럼 나는 네가 마음을 열고 사랑하는 사람들을 내게 돌려주기 바란다.

그들에 대한 모든 걱정을 내게 맡겨라. 너의 손을 내 손에 얹어라. 내가 약속한다. 네가 이 세상에서 만나는 모든 일에서 나는 너와 너의 사랑하는 사람들과 함께 걸을 것이다.

너를 사랑한다. 신뢰해도 좋은 너의 왕

주님을 의지하는 사람은 시온 산과 같아서, 흔들리는 일이 없이 영원히 서 있다.

_시편 125:1

딸아,
너는 나의
보석이란다

My Princess...
TRUST ME WITH THOSE YOU LOVE

I know your heart, and I know how much you love those close to you. I am your Creator and the Giver of every good gift. I have given you loved ones to share your life with. But you, My child, must remember that those you love ultimately belong to Me—not to you. I didn't give you those special relationships to tear you apart or to control you through fear of the future. Like Abraham did with his only son, Isaac, I need you to open your heart and give back to Me those you love. Trust Me with everything that concerns you regarding them. Place your hand in Mine, and I promise I will walk you—and your loved ones—through all things this life brings.

Love, Your trustworthy King

Those who trust in the LORD are secure as Mount Zion; they will not be defeated but will endure forever. _PSALM 125:1

나의 보석, 내 딸아
내가 너의 잃어버린 시간을 보상해 주겠다

네가 가끔 번민과 후회로 너의 인생을 되돌아보는 것을 내가 안단다. 중요하지 않은 것에 너무 많은 시간을 낭비했다고 후회하는 마음을 나도 이해한다. 그러나 사랑하는 딸아, 용기를 내라. 나는 너의 구속 자이고 오늘은 새날이다. 나의 계획을 찾아서 지금 새롭게 시작해라. 내가 너에게 소망과 미래를 줄 것이다.

내가 요셉을 리더십과 영향력과 축복의 자리로 인도하려고 요셉의 인생에 고난을 사용했던 것처럼, 너의 성품을 다듬고 네게 필요한 모든 것을 위해 너의 과거를 사용할 것이다. 너의 과거의 경험이 너에게 교훈은 주되 너를 고문하지는 않았으면 좋겠구나.

나의 딸아, 기억해라. 나는 사람들이 네게 주었던 해로움을 선으로 바꿀 것이다. 잃어버린 것을 찾아 주고 너를 영원한 생명으로 가는 좁은 길에 둘 것이다.

너를 사랑한다. 너의 왕, 너의 구속자

너희를 두고 계획하고 있는 일들은 오직 나만이 알고 있다. 내가 너희를 두고 계획하고 있는 일들은 재앙이 아니라 번영이다. 너희에게 미래에 대한 희망을 주려는 것이다. 나 주의 말이다. _예레미야 29:11

딸아,
너는 나의
보석이란다

My Princess...
I WILL REDEEM THE TIME FOR YOU

I know that sometimes you look back on your life with anguish and regret—so much time wasted on things that did not matter. But take heart, My love, I am your Redeemer, and today is a new day. So start now by seeking My plans, which are to give you hope and a future. Just as I used hardship in Joseph's life to lead him to a position of leadership, influence, and blessing, I've also called you. I will use your past to carve into your character everything you need for the here and now. I want you to let your past experiences teach you and not torment you. Remember, My princess, I will always turn into good what others meant for harm. I will redeem what was lost and place you on the narrow road that leads to an everlasting life.

Love, Your King and your Redeemer

"For I know the plans I have for you," declares the LORD, "plans to prosper you and not to harm you, plans to give you hope and a future." _JEREMIAH 29:11, NIV

나의 보석, 내 딸아
전쟁을 선택해라

너의 매일매일의 삶은 무언가를 위해 또는 누군가와 치르는 전쟁이 될 것이다. 나는 네가 그 많은 전쟁들 중에서 싸울 가치가 있는 것을 위해서만 싸웠으면 좋겠다. 전쟁의 명분은 많고, 너를 대적하는 것들도 많다. 게다가 사탄은 내가 너에게 준 사명에 집중하지 못하게 하려고 너를 잘못된 전쟁으로 유혹할 것이다.

그러나 내 딸아, 너의 싸움은 혈과 육을 상대하는 것이 아니고 영적 세계의 악한 세력들을 상대하는 것임을 기억해라.

그리고 네가 나를 위해 전쟁을 선택했을 때는 두려워할 필요가 없다. 기도로 나를 부르고 내가 너를 구출하게 해다오. 그러면 내가 나의 때에 네게 승리를 주고 고통받는 자들에게 공의를 행할 것이다. 그러니 잘못된 전쟁에서 너의 시간을 낭비하지 말아라. 잊지 마라. 영적 전쟁은 너의 무릎 위에서 벌어지고 너는 반드시 승리한다는 것을.

너를 사랑한다. 너의 왕, 너의 전사

주 너희의 하나님은 너희와 함께 싸움터에 나가서, 너희의 대적을 치시고, 너희에게 승리를 주시는 분이시다. _신명기 20:4

딸아,
너는 나의
보석이란다

My Princess...
CHOOSE YOUR BATTLES

Every day can be a fight for something or with someone if you so choose. I want you, My princess warrior, to choose your battles wisely, and fight for the things worth fighting for. There are so many things that stand against you in the battlefield, and there are so many worthy causes. But the enemy of your soul will entice you to fight the wrong battles in order to distract you from your main mission. Remember, My beloved, your fight is not against flesh and blood, but against evil forces in the spiritual realm. When you find yourself in the midst of a war, do not be afraid. Call on Me in prayer and allow Me to deliver you. In My timing, I will give you the victory and bring justice to the afflicted. So don't waste your time fighting the wrong battles. And never forget that the spiritual war is fought—and won—on your knees.

Love, Your Warrior King

For the Lord your God is the one who goes with you to fight for you against your enemies to give you victory. _DEUTERONOMY 20:4, NIV

나의 보석, 내 딸아
너는 나의 선물을 받은 자다

나는 너에게 영원한 생명을 선물로 주었다. 그러나 내가 주는 것은 그 것만이 아니다. 네 안에 네가 열어 주기를 기다리고 있는 초자연적인 놀라운 선물들을 두었단다. 그 선물들은 네가 추구해야 할 꿈 뒤에 감추어져 있으며, 너의 마음을 분산시키는 것들에 가려져 있고, 낙심의 강에 빠져 있다. 네가 일상의 분주함을 정리하고 그 선물을 발견하도록 내가 도울 수 있게 해다오. 너에게 가장 큰 기쁨을 주는 곳, 네 영혼이 간절히 머물고자 하는 곳, 네 손이 너무나 하고 싶어 하는 일 속에서 너는 그것을 발견하게 될 것이다.

그러나 이 선물은 너를 위한 것만은 아니다. 내가 너를 축복한 것은 네가 다른 사람들에게 축복의 통로가 되게 하기 위해서다. 네가 너의 선물을 발견하면, 나는 그것을 네가 상상할 수 없을 만큼 풍성하게 만들어 줄 것이다. 그러니 나의 딸아, 내게 구해라. 그러면 네가 그 선물을 열어서 세상을 감동시키는 것이 아니라 축복하기 위해 그것을 흘려 보내도록 도와주마.

너를 사랑한다. 너에게 모든 좋고 온전한 선물을 주는 너의 왕

각 사람은 은사를 받은 대로 하나님의 여러 가지 은혜를 맡은 선한 관리인으로서 서로 봉사하십시오. _베드로전서 4:10

My Princess...
YOU ARE MY GIFTED ONE

I have given you the gift of eternal life, but My giving does not stop there. Inside of you is a supernatural surprise—a gift that is waiting to be unwrapped...by you.

Yes, it's there. It's hidden behind dreams waiting to be pursued. Swallowed up by daily distractions and drowned by disappointment.

Let Me help you clear out the clutter and find your gift. You'll find it in that place in life that brings you the greatest joy, that place where your soul longs to be, that work your hands love to do.

But this gift that I've given to you is not just for you. I have blessed you to be a blessing to others. When you find your gift, I will take it and multiply it beyond what you could ever imagine. So ask Me, and I will help you open your gift so that you can give it away to the world—not to impress—but to bless.

Love, Your King and the Giver of every good and perfect gift

Each of you has been blessed with one of God's many wonderful gifts to be used in the service of others. So use your gift well.

_I PETER 4:10, CEV

나의 보석, 내 딸아
너의 삶은 교향곡이다

너는 나에게 아름다운 노래란다.

너의 삶은 한 음 한 음 내가 직접 작곡한 아름다운 교향곡이다.

너의 실패, 너의 눈물, 너의 승리를 재료로 천국에서 영원히 울려 퍼질 멋진 하모니를 만들고 있다. 너의 모든 생각과 행위들은 악보의 음표처럼 내 앞에 놓여 있다. 네가 하는 모든 선택은 편곡의 중요한 화음이다.

사랑하는 딸아, 세상의 소란스러움이 너의 멋진 멜로디를 망치지 않게 해라. 아침의 고요함 속에서 나를 찾아라. 그러면 내가 너의 마음을 거룩한 음악으로 가득 채워 줄 것이다.

하루 종일 나의 성령의 리듬 안에 머물러라. 그러면 내가 너의 삶을 너와 함께 여행하는 모든 사람들의 가슴에 향기로운 향수처럼 오래 남을 사랑스러운 메들리로 만들어 주겠다.

절대적인 순복으로 나와 동행해라. 그러면 너는 찬양의 랩소디로 다른 사람들을 내게로 데려오게 될 것이다.

너를 사랑한다. 너의 왕, 너의 작곡가

주님께서 나의 입에 새 노래를, 우리 하나님께 드릴 찬송을 담아 주셨기에, 수많은 사람들이 나를 보고 두려운 마음으로 주님을 의지하네. _시편 40:3

딸아,
너는 나의
보석이란다

My Princess...
YOUR LIFE IS A SYMPHONY

You are to Me a beautiful song. Your life is a sweet symphony that I Myself am composing note by note. I take your failures, your tears, and your triumphs, and I turn them into a glorious harmony that will be sung in the heavens for all eternity. All your thoughts and deeds are laid before Me like notes on a page. Every choice you make is a significant chord in an eternal arrangement. Don't let the noise of the world destroy your magnificent melody, My beloved. Seek Me in the quiet stillness of the morning, and I will fill your heart with divine music. Stay in rhythm with My Spirit throughout the day, and I will make your life an irresistible medley that will linger like sweet perfume in the hearts of all that journey with you. Walk with Me in absolute surrender, and you will draw others to Me in a rhapsody of praise.

Love, Your King and your Composer

He has given me a new song to sing, a hymn of praise to our God. Many will see what he has done and be astounded. They will put their trust in the LORD. _PSALM 40:3, NIV

나의 보석, 내 딸아
너의 집을 평안으로 채워라

너의 집을 완벽한 곳으로 만들기 위해 온갖 물건들로 아무리 채워도 만족감을 얻기 어렵다는 것을 나도 안다. 나는 집을 안식처 같은 가정으로 바꿀 아름다운 것들을 너에게 주고 싶다.

그러나 나의 딸아, 먼저 내가 네 안에 평안과 만족의 장소를 짓도록 해주길 바란다. 내 안에서 쉬고, 나를 기다리는 일에 최선을 다해라. 그러면 내가 너에게 가장 좋은 것을 줄 것이다.

나는 너의 가정이 내 안에서 사람들과 관계를 맺고 네가 나의 딸이라는 것을 드러내는 장소가 되기를 바란다. 네가 사랑하는 사람들은 어떤 물질적인 것보다 너를 필요로 한다는 것을 명심해라. 그러니 너의 가정을 기쁨으로 장식하고 영원한 추억들로 채우고, 내 안에서 안전하게 자라는 장소로 만들어라.

너를 사랑한다. 너의 왕, 너의 안식처

나는 평화를 너희에게 남겨 준다. 나는 내 평화를 너희에게 준다. 내가 너희에게 주는 평화는 세상이 주는 것과 같지 않다. 너희는 마음에 근심하지 말고, 두려워하지도 말아라. _요한복음 14:27

My Princess...
FILL YOUR HOME WITH PEACE

I know how hard it is for you to feel content in your home when you're always wanting one more thing to make it the perfect place. I long to give you beautiful things that turn a house into the haven of a home; but My princess, you must first learn to let Me build in you a place of peace and contentment. Do your best to rest in Me and wait for Me, and then I will give you what I know will benefit you the most. I want you to make your home a place that builds relationships and reflects who you are in Me. Remember that your loved ones need you more than any material thing. So decorate your home with joy, fill it with timeless memories, and create a safe place to grow up in Me.

Love, Your King and your Resting Place

Peace I leave with you; my peace I give you. I do not give as the world gives. Do not let your hearts be troubled... _JOHN 14:27, NIV

나의 보석, 내 딸아
너는 아름다운 손을 가졌단다

너의 손은 나의 축복을 받았기 때문에 아름답다. 하늘을 향해 네 손을 들고 나를 찬양하길 바란다. 내게 구해라. 그러면 내가 너의 손에 기름 부어 상한 자들을 고치게 하고 어려운 자들을 도와주게 하겠다. 내가 네게 아름다운 손을 준 것은 나의 사랑으로 사람들을 어루만져 주게 하기 위해서다. 너의 손을 나의 나라를 위해 사용하면 네가 하는 모든 일을 내가 축복하겠다.

나의 딸아, 네가 그런 능력을 소유하는 것은 큰 특권이란다. 네가 나의 약속을 굳게 붙들 때 나는 너를 통해 놀라운 일을 할 수 있다. 네가 네 손으로 다른 사람들을 돕는 동안, 나는 네 삶의 모든 영역에서 나의 강력한 손을 사용할 것이다.

그러니 계속해서 세상 사람들에게 손을 내밀어라. 그리고 그들이 내가 진짜 하나님인 것을 알게 해라. 나의 손을 꼭 잡아라.

나는 결코 너를 떠나지 않는다.

너를 사랑한다. 너의 손을 꼭 잡고 있는 너의 왕

내가 너와 함께 있으니, 두려워하지 말아라. 내가 너의 하나님이니, 떨지 말아라. 내가 너를 강하게 하겠다. 내가 너를 도와주고, 내 승리의 오른팔로 너를 붙들어 주겠다. _이사야 41:10

딸아,
너는 나의
보석이란다

My Princess...
YOU HAVE BEAUTIFUL HANDS

Your hands are beautiful because they are blessed by Me. I want you to raise your hands to heaven and praise Me. Ask Me, and I will anoint your hands to heal those who are hurting and help those who are in need. I have given you those beautiful hands to touch others with My love, and when you use your hands to work for My kingdom, I will bless all that you do. It is a privilege, My princess, to have that kind of power in your possession. I can do amazing things through you when you faithfully hold on to My promises. Be assured that while you are using your hands to help others, I, your King, will move My mighty hand in all areas of your life. So keep reaching out to the world, My love, and help them to know that I am real. Hold on to My hand, and know that I will never let you go.

Love, Your King and the One who holds your hand

I will strengthen you. I will help you. I will uphold you with my victorious right hand. _ISAIAH 41:10

나의 보석, 내 딸아
생명의 말을 해라

너의 입은 나의 말로 채워질 나의 것이다. 내가 너의 아름다운 입술에 기름 부어 생명이 없는 사람들에게 생명의 말을 해줄 능력을 주었다는 것을 알았니?

사람들은 아무 쓸모없는 말을 퍼뜨리는 데 그들의 입술을 사용하지만 나의 딸아, 너의 입은 사람들의 관점을 바꾸고 사람들이 돌이켜 내게로 오게 할 수 있는 권능을 가지고 있다.

너의 말은 어떤 값진 보석보다 귀하다. 매일 기도로 내게 오너라.

내가 너의 입을 사랑과 지혜와 격려로 가득 채워서 너의 입이 너를 보는 모든 사람들을 위한 나의 걸작품이 되게 하겠다.

너를 사랑한다. 너의 왕, 너의 카운슬러

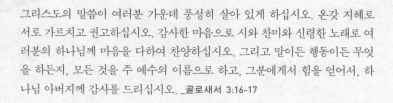

그리스도의 말씀이 여러분 가운데 풍성히 살아 있게 하십시오. 온갖 지혜로 서로 가르치고 권고하십시오. 감사한 마음으로 시와 찬미와 신령한 노래로 여러분의 하나님께 마음을 다하여 찬양하십시오. 그리고 말이든 행동이든 무엇을 하든지, 모든 것을 주 예수의 이름으로 하고, 그분에게서 힘을 얻어서, 하나님 아버지께 감사를 드리십시오. _골로새서 3:16-17

딸아,
너는 나의
보석이란다

My Princess...
SPEAK LIFE WITH MY WORDS

My child, I love your mouth because it is Mine—ready to be filled with My words. Did you know that I've anointed your beautiful lips with the power to speak life to a lifeless world? While others are using their lips to spread worthless words, you, My princess, have the privilege of changing people's perspectives and empowering them to make life changing choices that point them to Me. Your words will be more valuable than priceless jewels. I want you to come to Me in prayer every day, I will line your lips with love, wisdom, and encouragement and make your mouth My masterpiece for all who see you speak.

Love, Your King and Counselor

Let the words of Christ, in all their richness, live in your hearts and make you wise. Use his words to teach and counsel each other. Sing psalms and hymns and spiritual songs to God with thankful hearts. And whatever you do or say, let it be as a representative of the Lord Jesus. _COLOSSIANS 3:16-17

나의 보석, 내 딸아
나를 신뢰하며 걸으라

세상은 너의 귀에 이렇게 속삭인다. "네가 가진 것이 너의 정체성이 되고, 너의 외모가 너의 가치를 결정한다." 나의 딸아, 이것은 거짓말이다. 후세 사람들은 네가 쌓아 놓은 재산이나 네가 외모에 투자한 노력 때문에 너를 기억하지는 않을 것이다.

사실 네가 더 많은 것을 소유하고 더 예쁜 외모를 위해 애쓸수록 네가 누구이고 왜 이곳에 있는지에 대해서는 더욱 모르게 될 것이다.

나는 네 안에 있고 너는 내 안에 있다. 네게 필요한 모든 것은 내가 줄 것이다. 이제 나가서 네 주변에 있는 사람들의 삶에 영향력을 미치기에 필요한 모든 것을 내가 너에게 주었음을 굳게 믿고 당당하게 세상을 누벼라.

너를 사랑한다. 너의 왕, 너의 자신감

주님께서 네가 의지할 분이 되셔서 너의 발이 덫에 걸리지 않게 지켜 주실 것이다. _잠언 3:26

딸아,
너는 나의
보석이란다

My Princess...
WALK IN MY CONFIDENCE

I know the world whispers in your ear that what you possess defines who you are, and what you look like determines your worth. This is a lie, My love. The generations to come will never remember you for the things you accumulate or the efforts you placed in your appearance. In fact, the harder you strive to collect more things and to perfect your image, the more insecure you will be about who you are and why you are here. I am in you and you are in Me. I will give you all that you need. Now go and walk through your world in the confidence that I've uniquely equipped you with all you need to impact the lives of those around you forever!

Love, Your King and your Confidence

For the LORD will be your confidence, and will keep your foot from being caught. _PROVERBS 3:26, NASB

나의 보석, 내 딸아
내가 너를 보호할 것이다

나는 너를 보호하는 방패다. 네 주변에 치열한 전쟁이 벌어질 때 내가 어디에 있는지 궁금할 때가 있다는 것을 안다.

때로는 버림받은 기분이 들기도 한다는 것을 내가 잘 안다.

두려워하지 말고 믿음을 잃지 마라. 항상 승리하는 내가 여기에 있다. 나는 너를 보호해 줄 것이다. 그러니 너는 나를 믿어야 한다. 어떨 때는 내가 너를 안전과 회복의 피난처로 인도하기도 하지만 때로는 최전방에서 나와 함께 있기를 요구하기도 할 것이다.

진실을 말하자면 나는 너의 생명을 위협하는 어떤 거인도 죽일 수 있다. 그러나 양치기 소년 다윗처럼 앞으로 나가서 물맷돌을 집어들고 거인과 대면하는 것은 너의 몫이다. 나는 패배의 확률이 가장 크고 승리의 희망이 가장 작을 때 나의 능력을 드러내기를 좋아한다. 나는 진실로 너의 피난처이고 너의 구원자이다. 네가 어디에 있든지 나는 너를 지켜 줄 것이다.

너를 사랑한다. 너의 왕, 너의 보호자

주님은 나의 피난처, 나를 재난에서 지켜 주실 분! 주님께서 나를 보호하시니, 나는 소리 높여 주님의 구원을 노래하렵니다. _시편 32:7

My Princess...
I WILL PROTECT YOU

I am your shield of protection. Many times you wonder where I am in the midst of the battle that rages around you. You feel abandoned on the battlefield. Don't be afraid and don't lose faith. I am here, and I am always victorious. I will protect you, but you must trust Me. Sometimes I will lead you to shelter for safety and restoration. Other times I will ask you to join Me on the front line in the heat of the battle. The truth is, I can kill any giant that threatens your life, but, just like David the shepherd boy, it's up to you to march forward, pick up the stones, and face your giant. I love to prove My strength when the odds are the greatest and hope is the smallest. I am truly your shelter and your deliverer—I will protect you no matter where you are.

Love, Your King and your Protector

You are my hiding place; you will protect me from trouble and surround me with songs of deliverance. _PSALM 32:7, NIV

나의 보석, 내 딸아
절대 타협하지 마라

네가 약할 때 내가 너를 강하게 해주겠다. 이 세상에는 너의 마음과 영에 전쟁을 일으키는 많은 것들이 있음을 내가 안다. 그것은 너의 마음을 분산시키고 날마다 너의 성품과 확신을 시험하는 고난 같이 느껴진다는 것도 내가 잘 안다. 사랑하는 딸아, 기억해라. 인생은 드레스 리허설(무대 의상을 입고 정식으로 하는 총연습-역주)이 아니다. 인생은 진짜다. 나는 이 시험을 통해 네가 나를 신뢰하도록 훈련시키고 있다. 나는 오늘 너에게 장차 천국에서의 삶을 준비시키고 있는 것이다.

그러니 기도로 나의 능력을 구하고 유혹이나 타협에 굴복하지 마라. 그것들은 네가 걷는 의로운 길에 놓여 있는 유사(올라서면 빠져 버리는 젖은 모래층-역주)와 같다. 나에게 꼭 붙어서 네 속에 있는 나의 능력을 붙들어라. 그러면 그 길을 잘 통과할 수 있을 것이다. 악한 바람이 너의 믿음의 불길을 꺼버리려고 하거나 타협하라고 유혹할 때마다 나의 진리 위에 굳게 서라. 나는 너의 든든한 반석이고 나의 능력 안에서 너는 어떤 것이든 이길 수 있다.

너를 사랑한다. 너의 왕, 너의 반석

여러분은 사람이 흔히 겪는 시련 밖에 다른 시련을 당한 적이 없습니다. 하나님은 신실하십니다. 여러분이 감당할 수 있는 능력 이상으로 시련을 겪는 것을 하나님은 허락하지 않으십니다. 하나님께서는 시련과 함께 그것을 벗어날 길도 마련해 주셔서, 여러분이 그 시련을 견디어 낼 수 있게 해주십니다.

_고린도전서 10:13

딸아,
너는 나의
보석이란다

My Princess...
DON'T EVER COMPROMISE

In your weakness, I will keep you strong, My child. I am well aware of the many things in this life that war against your spirit and your soul. I know it feels like distractions and difficulties are sent daily to test your character and convictions. Remember, My love, this life is not a dress rehearsal. It's the real thing, and I'm training you through these tests to trust Me. I am preparing you today for your future life in heaven. So seek Me in prayer for My strength, and don't give in to temptation or compromise. They are like quicksand lying on your path to righteousness. Hold on to Me and My power within you, and I promise that you will make it through. When the wicked winds try to blow out the flame of your faith or try to cause you to compromise, stand on My truth...I am your solid Rock, and you can conquer anything in My strength.

Love, Your King and your Rock

Temptations that come into your life are no different from what others experience. And God is faithful. He will keep the temptation from becoming so strong that you can't stand up against it. When you are tempted, he will show you a way out so that you will not give in to it. _1 CORINTHIANS 10:13

나의 보석, 내 딸아
네가 심겨진 곳에서 자라거라

네가 가끔 너의 삶이 어떤 가치가 있는지 궁금해한다는 것을 안다.
내가 확실하게 말해 줄 수 있는 것은 내가 너를 주변 사람들에게 영
향을 주는 사람으로 쓸 수 있다는 것이다.

감옥에 있는 바울을 사용했던 것처럼 나는 네가 어디에 있고 어떤 환
경에 처해 있든지 너를 사용할 것이다.

내가 나의 거룩한 말로 네게 물을 주게 해다오. 그러면 너는 어디에
심겨져 있든지 활짝 꽃피기 시작할 것이다. 기도로 내게 와서 내가 나
의 영으로 네게 힘을 주게 해다오. 비록 지금은 너의 수고에 대한 추
수를 보지 못할지라도 내가 약속하건데 언젠가 사람들이 네가 베풀
었던 친절과 지혜로운 말들, 사랑을 기억하게 될 것이다.

그러니 나의 귀한 딸아, 인생의 의미를 찾고 있는 이 세상에서 네가
꽃을 피우도록 내가 너를 도울 수 있게 해주렴.

너를 사랑한다. 너의 왕, 너의 인생 정원사

하나님을 사랑하는 사람들, 곧 하나님의 뜻대로 부르심을 받은 사람들에게는,
모든 일이 서로 협력해서 선을 이룬다는 것을 우리는 압니다. _로마서 8:28

딸아,
너는 나의
보석이란다

My Princess...
GROW WHERE YOU ARE PLANTED

I know you sometimes wonder if your life has any real worth. But I assure you that I can use you to impact those around you. Just as I used Paul in prison I will use you wherever you are or whatever circumstance you are in. Let Me water you with My holy Word, and you will begin to bloom wherever you are planted. Come to Me in prayer and let Me empower you with My spirit. Even if you can't see the harvest of your hard work now, I promise that others will one day look back at the time you were in their lives and remember your acts of kindness, words of wisdom, and love for them. So for now, My valuable princess, let Me help you blossom in a world that is searching for the meaning of life.

Love, Your King and Gardener of Life

And we know that God causes everything to work together for the good of those who love God and are called according to his purpose for them. _ROMANS 8:28

나의 보석, 내 딸아
나의 때를 기다려라

나의 딸아, 나를 기다려라. 나의 타이밍은 항상 완벽하다. 네가 여러 가지 일로 염려하는 것도 알고, 너의 마음에 둔 모든 계획에 열정이 있는 것도 내가 안다. 네가 간절히 날고 싶어 하는 것도 잘 안다.

그러나 포도원 재배자가 포도나무를 기르며 추수할 때는 참을성 있게 기다리는 것과 같이 나도 네가 많은 열매를 맺도록 준비시키기 위해 지치지 않고 일하고 있다. 나보다 앞서 달리거나 나의 계획이 이루어지기 전에 날아오르려고 하지 마라. 너의 힘은 너를 실망시키고 너의 꿈을 시들게 할 것이다.

너를 위한 나의 꿈들은 네가 꿈꿀 수 있는 것보다 훨씬 크다는 것을 믿어라. 나의 축복의 때를 끈기 있게 기다리면 너는 더 멀리 달릴 수 있고 더 높이 날 수 있다. 지금 내게로 가까이 와라. 이 기다림의 시기가 너에게 가장 좋은 보상을 선사할 것이다.

너를 사랑한다. 너의 왕, 완벽한 타이밍의 주인

오직 주님을 소망으로 삼는 사람은 새 힘을 얻으리니, 독수리가 날개를 치며 솟아오르듯 올라갈 것이요, 뛰어도 지치지 않으며, 걸어도 피곤하지 않을 것이다. _이사야 40:31

딸아,
너는 나의
보석이란다

My Princess...
WAIT ON ME

Wait on Me, My princess. My timing is always perfect. I know you're anxious about many things, and I see your passion for all the plans I have put in your heart. I know that you long to fly, and I see your enthusiasm. However, just as a vinedresser nurtures the vine and waits patiently for the right moment to harvest the grapes, so too am I working tirelessly to prepare you to bear much fruit. Don't run ahead of Me or try to fly before My plans are complete. Your strength will fail you, and your dreams will wither away. Trust Me that My dreams for you are far greater than you can dream on your own. You will run farther and soar higher if you will patiently wait for the season of My blessing. Draw close to Me now, and I promise that this season of waiting will bring you the sweetest of rewards.

Love, Your King and Lord of perfect timings

But those who wait on the LORD will find new strength. They will fly high on wings like eagles. They will run and not grow weary. They will walk and not faint. _ISAIAH 40:31, NIV

나의 보석, 내 딸아
내가 너의 마음을 만져 줄게

낙심하지 마라, 나의 딸아. 고통은 삶의 일부란다. 그러나 약속하건대 내가 너의 모든 눈물을 기쁨으로 바꾸어 줄 것이고, 너의 아픔을 거룩한 목적으로 쓸 것이다. 너의 상처를 내게 숨기려고 하지 마라. 나는 너의 모든 것을 안다. 너는 나의 것이다. 나의 딸아! 너의 마음을 어루만져서 다시 건강하고 온전하게 회복시킬 수 있는 존재는 나뿐이다. 나 역시 큰 고통과 배척, 분노를 겪었단다. 그러나 우리는 함께 모든 시험을 통과할 수 있다. 나는 폭풍이 지나고 난 후에 너를 나의 평안과 기쁨의 장소로 인도할 것이다. 태양이 다시 네 위에 비칠 것이고 너의 마음은 치유될 것이다. 나의 딸아, 내가 약속한다. 네가 고난의 깊은 물 가운데를 지날 때 내가 너와 함께 있겠다. 역경의 강물 가운데를 지날 때에도 너는 물에 빠지지 않을 것이고, 핍박의 불 속을 걸을 때에도 너는 불에 타지 않을 것이다.
너를 사랑한다. 너의 왕, 너의 치유자

"내가 너를 속량하였으니, 두려워하지 말아라. 내가 너를 지명하여 불렀으니, 너는 나의 것이다. 네가 물 가운데로 건너갈 때에, 내가 너와 함께 하고, 네가 강을 건널 때에도 물이 너를 침몰시키지 못할 것이다. 네가 불 속을 걸어가도, 그을리지 않을 것이며, 불꽃이 너를 태우지 못할 것이다." _이사야 43:1-2

딸아,
너는 나의
보석이란다

My Princess...
I WILL HEAL YOUR HEART

Don't get discouraged, My beloved; pain is a part of life. But I promise you that I will turn every tear you've cried into joy, and I will use your deep pain for a divine purpose. Don't try to hide your hurts from Me. I know everything about you. You are Mine, My beloved! I'm the only one who can handle your heart and restore you to health and wholeness again. I, too, have felt great pain, rejection, and anger. But we can go through every trial together. Hand in hand I will lead you back to My place of peace and joy after the storm. The sun will shine on you again, and your heart will be healed. I promise you, My Princess, that when you go through deep waters of great trouble, I will be with you. When you go through rivers of difficulty you will not drown. When you walk through the fire of oppression you will not be burned.

Love, Your King and your Healer

"Do not be afraid, for I have ransomed you. I have called you by name; you are mine. When you go through deep waters and great trouble, I will be with you. When you go through rivers of difficulty, you will not drown!" _ISAIAH 43:1-2

나의 보석, 내 딸아
내 안에서 담대하라

나의 딸아, 옳은 일 행하기를 두려워하지 마라. 내가 항상 너보다 앞서 가서 길을 예비할 것이다. 내가 다니엘을 사자의 입에서 구했고 다윗을 적들의 손에서 구해냈다.

너는 내가 어떤 상황도 다스릴 수 있을 만큼 강하다고 믿니?

나는 너에게 가장 좋은 것을 주고 싶구나. 너의 힘이 아니라 나의 능력과 힘 안에서 담대히 행해라. 성령의 검과 진리의 허리띠, 의의 갑옷, 믿음의 방패로 무장하고 모든 상황과 대면해라.

내가 네게 힘을 주고 보호할 것이니 어떤 순간에도 등을 돌리고 도망가지 마라.

다만 굳게 서서 기도하고 너의 담대함이 다른 사람들에게로 전염되는 것을 지켜보아라.

너를 사랑한다. 너의 왕, 너의 담대한 대장

"마음을 강하게 하고 용기를 내십시오. 그들 앞에서, 두려워하지도 말고 무서워하지도 마십시오. 주 당신들의 하나님이 당신들과 함께 가시면서, 당신들을 떠나지도 않으시고 버리지도 않으실 것입니다." _신명기 31:6

딸아,
너는 나의
보석이란다

My Princess...
TAKE COURAGE IN ME

You need never be afraid to stand up and do what is right, My child. I will always go ahead of you and prepare the way. I rescued Daniel from the mouth of the lions and delivered David from the hands of his enemies. Can you trust that I am strong enough to handle any situation? I truly want what is best for you. Take courage and walk in My strength, not your own. Face every situation head-on-armed with the sword of the Spirit, the belt of truth, the armor of righteousness, and the shield of faith. You never need to turn your back and run —I will empower you and protect you. Just stand firm and pray, and watch your courage become contagious.

Love, Your King and your Captain of courage

"Be strong and courageous! Do not be afraid of them! The LORD your God will go ahead of you. He will neither fail you nor forsake you." _DEUTERONOMY 31:6

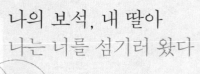

나의 보석, 내 딸아
나는 너를 섬기러 왔다

네 자신이 귀하게 느껴지지 않을 때에도 나의 딸아, 너의 왕인 내가 너를 섬기기 위해 이 땅에 왔다는 사실을 잊지 마라. 나는 너를 창조했을 뿐만 아니라 너의 삶을 붙들고 있고, 너의 심령을 위로하고, 너의 필요를 공급한다.

네가 너무나 귀하기에 나는 너를 되찾기 위해 십자가에서 아주 비싼 몸값을 지불했다. 나는 네가 범한 모든 실패와 실수를 취하여 나의 영광을 위해 기적적으로 사용할 수 있다. 나는 참을성이 많고 친절하고 자비롭다. 나는 사랑이기 때문이다. 너의 죄가 용서받았음을 알았으니 이제 과거의 너에서 돌이켜 내가 부른 대로 새로운 네가 되었으면 좋겠구나. 내가 너를 도와줄 수 있게 해다오. 나는 네가 어떤 모습이든 상관없이 너를 사랑하는 너의 주님이다.

너를 사랑한다. 너를 위해 온 너의 왕

인자는 섬김을 받으러 온 것이 아니라 섬기러 왔으며, 많은 사람을 위하여 자기 목숨을 몸값으로 치러 주려고 왔다. _마태복음 20:28

딸아,
너는 나의
보석이란다

My Princess...
I CAME TO SERVE YOU

Even when you don't feel valued, let Me remind you, My Princess, that I—your King—came to serve you. I not only created you; I also sustain your life, comfort your spirit, and provide what you need. You are so valuable that I even paid the ultimate price at the cross to ransom you, My child. I am able to take any failure or mistake you've made and miraculously use it for My glory. I am patient, kind, and merciful—I am Love. So now that you know your sins are forgiven, I am asking you to turn from who you were and become who I called you to be. Let Me help you. I am your Lord who loves you no matter what.

Love, Your King who came for you

"For even I, the Son of Man, came here not to be served but to serve others, and to give my life as a ransom for many." _MATTHEW 20:28

나의 보석, 내 딸아
생명의 길로 걸어라

사랑하는 딸아, 네 앞에는 항상 두 갈래의 길이 있다. 사람들에게 인기가 있는 길은 평탄하고 이미 많은 사람들이 밟았기 때문에 그 바닥이 매끄럽게 닦여 있다. 이 길은 이미 많은 사람들이 지났다는 이유로 안전해 보인다.

그러나 군중이 모르는 것이 있는데 그 길은 후회와 죄책감으로 가득하고 결국 죽음에 이른다. 또 그 길은 너의 왕인 내게서 멀어지게 하는 길이다.

네가 지금 그 잘못된 길로 가고 있다면 낙심하지 말고 소리쳐서 나를 불러라. 내가 네게로 가서 파멸의 길에서 너를 건져내어 다시 생명의 길로 옮겨 주겠다. 너의 발은 생명에 이르는 길을 걷도록 만들어졌다. 나의 말씀 안에서 너는 지혜와 방향을 알려 주는 표지판을 발견하게 될 것이다. 그러니 나의 딸아, 말씀 읽기를 계속하고 생명의 길로 계속 걸어라. 그러면 이 땅의 순례길에서 참 기쁨을 맛볼 것이다.

너를 사랑한다. 길이요 진리요 생명인 너의 왕

내가 너희에게 준 명령을 잘 따르고 너희 하나님 여호와를 사랑하고 그 분의 모든 길로 행하며 그 분을 단단히 붙들어라. _신명기 11:22, NIV

딸아,
너는 나의
보석이란다

My Princess...
WALK THE ROAD TO LIFE

There will always be two roads before you, My love. The popular road is easy, its bumps worn smooth by the wandering crowds. This road appears safe simply because so many have already ventured around its curves and shuffled down into its valleys. What the crowds don't understand is that this road is filled with regret and guilt, and it ultimately leads to death. This is the road that leads away from Me, your King. If you find yourself on the wrong path, don't lose heart—just cry out to Me and I will find you. I won't join you on this destructive detour, but I will lead you back to the road that leads to life again—the road your feet were created to walk on. Throughout My Word you will find signposts that will give you wisdom and direction. So keep reading and walking, My princess, and you will begin to discover the real joy of the journey of life.

Love, Your King and the Way, the Truth, and the Life

Be careful to obey all the commands I give you; show love to the LORD your God by walking in his ways and clinging to him.

_DEUTERONOMY 11:22, NIV

나의 보석, 내 딸아
왕족답게 입어라

나의 딸아, 나는 너를 왕족으로 불렀다. 그러니 사람들에게 잘 보이기 위해 세상의 유행에 너를 맞출 필요가 없단다. 세상은 너의 옷차림으로 너의 정체성을 가늠한다는 사실을 기억해라.

나는 네가 옷차림으로도 나를 영화롭게 하면 좋겠구나. 시선을 끌기 위해 옷을 입을 필요는 없다.

나는 너의 내면과 외모를 바꾸는 전문가이다. 어떤 패션 디자이너보다 너를 더 아름답게 꾸밀 수 있다.

너의 선함과 아름다움은 네가 나를 드러낼 때 빛을 발할 것이다.

사랑하는 딸아, 너의 몸을 노출시키는 옷을 만드는 사람들은 나처럼 너를 사랑하지 않는다. 옷으로 너의 육체가 아니라 나의 영을 드러내어라. 오늘 너는 왕족의 옷을 입어라.

너를 사랑한다. 너의 영원한 아름다움, 너의 왕

고운 것도 거짓되고, 아름다운 것도 헛되지만, 주님을 경외하는 여자는 칭찬을 받는다. _잠언 31:30

My Princess...
DRESS LIKE ROYALTY

I've called you to be royalty, My princess. You don't have to conform to the wardrobes of this world to feel good about yourself. Remember, what you wear initially defines what people think about you. I want your wardrobe to honor Me. You don't need to dress to get attention—I can make you more beautiful than any fashion designer because I specialize in internal and eternal makeovers. Your favor and beauty will radiate because you are a reflection of Me. Keep in mind that those who design clothes to expose your body do not love your soul like I do. My love, let your wardrobe reveal My spirit—not your flesh. So robe yourself today like the royalty you are.

Love, Your King and your eternal beauty

Charm can be deceiving and beauty fades away, but a woman who honors the LORD deserves to be praised. _PROVERBS 31:30, CEV

나의 보석, 내 딸아
두려워하지 마라

나의 딸아, 지금 어둠과 두려움에 묶여 있지는 않은지 모르겠구나. 만일 그렇다면 내게 와서 네가 두려워하는 것을 말해라. 너의 미래나 건강, 상황, 재정, 안전이 두렵니?

나는 창조주이고 만물의 왕이다. 나는 우주의 모든 자원을 소유하고 있고, 나의 지식이나 능력을 벗어나는 것은 아무것도 없다.

나는 너의 하나님이고 구원인 것을 기억해라. 나는 네가 감당할 수 없는 것을 주지 않는다. 무엇이든 믿음으로 내게 구하고 내가 네게 말하는 것에 순종해라.

그러면 두려움이 너의 마음에서 연기처럼 사라질 것이다.

나는 너의 하나님이고 너를 돌보는 것을 기쁨으로 여긴다.

그러니 나의 딸아, 두려워하지 마라. 나는 항상 네 옆에 있다.

너를 사랑한다. 너의 왕, 너의 하늘 아버지

주님이 나의 빛, 나의 구원이신데, 내가 누구를 두려워하랴? 주님이 내 생명의 피난처이신데, 내가 누구를 무서워하랴? _시편 27:1

딸아,
너는 나의
보석이란다

My Princess...
DO NOT FEAR

Are you bound up in darkness and fear? Come to Me and tell
Me what you're afraid of. Is it the future? your health? your
circumstances? your finances? your security? Don't you know
that I am Creator and King of all? I own all the resources in
the universe. Nothing is beyond My knowledge or My power.
Remember that I am your God and Salvation. I will never give
you more than you can handle. Ask Me about anything with
faith and obey what I tell you to do, and you will feel your
fear vanish. I am the Lord your God, and I delight in caring
for you, My child. So do not fear, My princess. I am always
near.

Love, Your King and your Daddy in heaven

The LORD is my light and my salvation so why should I be afraid?
The LORD protects me from danger so why should I tremble?

_PSALM 27:1

나의 보석, 내 딸아
진리를 알아라

딸아, 우리의 처음 관계로 한번 돌아가 보자. 네가 처음에 나에게 너의 주, 너의 왕이 되어 달라고 요청했던 때가 기억나니? 나는 그 순간을 생생하게 기억한단다. 바로 그 순간에 내가 너의 이름을 나의 생명책에 기록해 두었기 때문이다. 그리고 그날 너는 나와 사랑의 관계를 맺게 되었고 하늘의 모든 천사들이 그 사실을 기뻐했단다!

우리의 관계는 그 무엇이나 그 누구에 의해서도 절대 깨어질 수 없다. 한때 너는 잃어버린 딸이었지만 지금은 찾았고 나의 영이 네 안에 살고 있다. 너는 나의 것이다!

삶의 분주함과 혼란스러움이 네가 나를 친밀하게 알아가는 것을 방해하지 못하도록 해라. 진리 위에 서서 읽고 기도하고 순종하며, 네가 나의 공주, 나의 택한 딸이라는 놀라운 진리 안에서 걸어라!

너를 사랑한다. 너의 왕, 너의 진리

예수께서 자기를 믿은 유대 사람들에게 말씀하셨다. "너희가 나의 말에 머물러 있으면, 너희는 참으로 나의 제자들이다. 그리고 너희는 진리를 알게 될 것이며, 진리가 너희를 자유롭게 할 것이다." _요한복음 8:31-32

딸아,
너는 나의
보석이란다

My Princess...
KNOW THE TRUTH

Let Me take you back to the beginning of our relationship. Do you remember when you asked Me to be your Lord and King? I do, because I wrote your name in My Book of Life at that very moment, and you entered into a love relationship with Me. All the angels rejoiced in heaven!

Our relationship can never be destroyed by anything or anyone. Once you were lost but now you are found, and My Spirit lives in you—you are Mine! I don't want you to let life's craziness and confusion distract you from knowing Me personally. So remember the truth—stand on it, read it, pray it, obey it, and walk in the wonderful truth that you are My princess, My chosen one!

Love, Your King and your Truth

Jesus said to the people who believed in Him, "You are truly my disciples if you keep obeying my teachings. And you will know the truth, and the truth will set you free." _JOHN 8:31-32

나의 보석, 내 딸아
나는 너의 평안이다

나는 너의 영혼과 마음에 쉼과 평안을 주기를 간절히 원한다.
때로 인생은 문제가 끊임없이 일어나 평안이라고는 없는 것처럼
보이고 세상은 증오, 시기, 온갖 악들로 가득 차 있는 것이 사실이다.
그러니 사람들 속에서 평안을 찾거나 문제가 없는 곳에서 살려고 애
쓰지 마라. 세상이 주는 평안은 거짓 희망과 결국에는 무너질,
사람이 만든 우상들 위에 세워진 것이다.
그러나 내가 주는 평안은 어떤 시련과 고난도 뛰어넘을 것이다.
그 평안은 초자연적이기 때문이다. 그러니 너를 보살피는 나의
손길 아래 머무르고, 네가 통제할 수 없는 것들을 놓아 버려라.
그때에야 너는 진정한 평안을 누릴 수 있게 된다.
혼돈과 혼란 가운데서 나는 항상 너의 피난처, 평안의 처소가 되어 줄
것이다. 나의 딸아, 내가 네게 공짜로 주는 이 평안을 다른 사람들과
함께 나누기를 바란다.
너를 사랑한다. 너의 왕, 너의 완전한 평안

나는 평화를 너희에게 남겨 준다. 나는 내 평화를 너희에게 준다. 내가 너희에
게 주는 평화는 세상이 주는 것과 같지 않다. 너희는 마음에 근심하지 말고,
두려워하지도 말아라. _요한복음 14:27

My Princess...
I AM YOUR PEACE

I long to give you rest for your soul and peace in your heart. I know sometimes it looks like life has no peace to offer — just one big problem after another. It's true that the world is filled with hatred, envy, and every sort of evil, so please don't be looking for peace in people or attempting to position yourself where there are no problems. The kind of peace the world tries to offer is built on false hope and man-made idols that will eventually crumble. The peace I give you will transcend any trial or tribulation that comes against you because it is supernatural. So position yourself completely in My care, and let go of all those things you cannot control. Then you will find true peace. In the middle of chaos and confusion, I will always be your safe place — a place of peace. I'm asking you, My princess, to share with others the peace I give freely to you.

Love, Your King and your perfect Peace

Peace I leave with you; my peace I give you. I do not give to you as the world gives. Do not let your hearts be troubled and do not be afraid. _JOHN 14:27, NIV

나의 보석, 내 딸아
내게로 오너라

나는 네가 태어나기도 전에 너를 보았다. 그때부터 너는 나의 마음에 있었다. 내 딸아, 나는 네가 오는 것을 알았고 너에게 나의 사랑을 표현하고 나의 초대장을 보내기 위해 가능한 모든 것을 했다.

너는 나의 것이니, 나는 네가 계속 내게로 오기를 원한다. 네가 강하다고 느낄 때도 내게로 오고, 약하다고 느낄 때도 내게로 오너라.

네가 기쁠 때도 내게로 오고, 네 심령이 완전히 깨졌을 때도 내게로 오너라.

나는 너에게 안식을 주고 싶을 뿐만 아니라 가르쳐 주고 싶은 것들이 너무도 많다. 나 자신도 네게 더 보여 주고 싶다. 너도 알겠지만 나는 너를 타락한 세상을 위해 창조하지 않았다. 나는 너를 낙원을 위해 창조했단다. 그러나 죄의 저주가 우리를 갈라놓았다. 나는 너를 위해 나의 아들을 죽게 해서 죄와 죽음을 이겼다. 그러니 내게로 와라. 그리고 내 안에서 살아라.

너를 사랑한다. 너를 기다리는 너의 왕

"수고하며 무거운 짐을 진 사람은 모두 내게로 오너라. 내가 너희를 쉬게 하겠다. 나는 마음이 온유하고 겸손하니, 내 멍에를 메고 나한테 배워라. 그리하면 너희는 마음에 쉼을 얻을 것이다." _마태복음 11:28-29

딸아,
너는 나의
보석이란다

My Princess...
COME TO ME

I saw you before you were born. Even then you were on My mind, My daughter. I knew you were coming, and I did everything possible to express My love to you and extend My invitation to you. Now that you are Mine, I want you to continue to come to Me. Come to Me when you feel strong and when you feel weary. Come to Me when you are rejoicing and when your spirit is crushed. I ask you to come not only to give you rest, but also because there is so much more I want to teach you. There is more of Me I want to reveal to you. You see, I did not create you for this fallen world. I created you for Paradise, but the curse of sin tore us apart. I've conquered sin and death for you through the death of My son, so come to Me... and live.

Love, Your King who is waiting

"Come to me, all of you who are weary and carry heavy burdens, and I will give you rest. Take my yoke upon you. Let me teach you, because I am humble and gentle, and you will find rest for your souls." _MATTHEW 11:28-29

나의 보석, 내 딸아
하늘에서 받을 놀라운 선물을 기대해라

하늘에 있는 놀라운 보물을 너에게 줄 날이 속히 왔으면 좋겠구나.
나의 딸아, 나는 곧 올 것이고 내가 오면 너에게 줄 상이 있다.

나는 이 땅에서도 너의 삶을 축복하지만, 하늘에서 너를 기다리고 있
는 영원한 기쁨과 축복의 선물은 네가 이 땅에서는 보지도, 경험한 적
도 없는 것이다.

사랑하는 딸아, 지금의 모든 순간을 중요하게 여겨라.

네가 오늘 한 일은 영원토록 메아리칠 것이다. 연못의 물결처럼 네가
나를 위해 한 수고와 신실한 충성은 이 땅에서의 삶을 넘어 영원으로
퍼져 나갈 것이다.

기억해라. 우리가 영원의 세계에서 함께할 때 네가 열어 보게 될 선물
은 억만금으로도 살 수가 없다는 것을.

너를 사랑한다. 너의 영원한 보물, 너의 왕

"보아라, 내가 곧 가겠다. 나는 각 사람에게 그 행위대로 갚아 주려고 상을 가
지고 간다. 나는 알파며 오메가, 곧 처음이며 마지막이요, 시작이며 끝이다."

_요한계시록 22:12-13

딸아,
너는 나의
보석이란다

My Princess...
YOU HAVE GREAT TREASURES
IN HEAVEN

I am so looking forward to giving you amazing treasures in heaven. I am coming soon, My love, and when I do, I will have your reward with Me. I love to bless your life here on earth, but your eyes haven't seen nor has your heart yet experienced the gifts of eternal joy and blessing that I have waiting for you above. For now, My sweet princess, make every moment count, because what you do today echoes throughout eternity. Like ripples in a pond, your hard work and faithfulness to Me spread far beyond this life and into forever. Remember that no amount of money can buy you the great gifts you will open when we are finally together on the other side of eternity.

Love, Your King and Eternal Treasure

"See, I am coming soon, and my reward is with me, to repay all according to their deeds. I am the Alpha and the Omega, the First and the Last, the Beginning and the End." _REVELATION 22:12-13

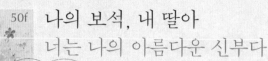

나의 보석, 내 딸아
너는 나의 아름다운 신부다

너는 나의 아름다운 신부란다! 우리가 하늘에서 함께 기뻐할 날이 곧 온다. 이 세상의 어떤 결혼식도 그 놀라운 날에 우리가 나누게 될 축하연에 비할 수는 없다!

세상의 결혼식에서도 모든 신부들이 최선을 다해 준비하고, 신부의 도우미들은 신부가 신랑을 맞이하기 전에 모든 것을 완벽하게 하기 위해 열심히 일하지 않니?

나의 신부야, 나는 하늘에 있는 너의 신랑이고 너를 위해 이미 모든 준비를 마쳤다. 너의 삶이 완벽하지 않다고 걱정하지 말아라.

그 영광스러운 결혼식 날 나는 너를 하늘의 모든 존재가 보기에 흠없는 순결한 신부로 만들 것이다.

그래서 오늘 내가 너에게 요구하는 바는 너의 마음을 나의 것으로 가득 채우라는 것이다. 나의 신실함과 자비, 사랑이 결혼식 성소를 가득 채울 아름다운 음악이 되게 해라.

나의 신부야, 너는 그 멋진 날에 나의 영광의 아름다운 드레스를 입게 될 것이고, 깊고 높은 하늘의 모든 기쁨이 너의 것이 될 것이다.

너를 사랑한다. 너의 왕, 너의 신랑

기뻐하고 즐거워하며, 하나님께 영광을 돌리자. 어린 양의 혼인날이 이르렀다. 그의 신부는 단장을 끝냈다. _요한계시록 19:7

My Princess...
YOU ARE MY BEAUTIFUL BRIDE

You are My beautiful bride! There is a day coming when we will rejoice together in heaven. No wedding on earth can compare to the celebration we will share on that amazing day! Every bride prepares for her earthly wedding by doing all she can to be her best. The bride's attendants work diligently to make everything perfect before she meets her bridegroom. My princess, I am your heavenly Bridegroom, and I have already made all the preparations for you. Don't worry that your life is not perfect. On that glorious wedding day, I will present you spotless and blameless for all of heaven to see. All I ask of you today is that your heart be fully and completely Mine. Let My faithfulness, mercy, and love be the sweet music that fills the wedding sanctuary. You, My bride, will be clothed in a beautiful gown of My glory on that great day, and all the depths and heights of heaven's joy will be yours.

Love, Your King and your Bridegroom

Let us be glad and rejoice and honor him. For the time has come for the wedding feast of the Lamb, and his bride has prepared herself.

_REVELATION 19:7

나의 보석, 내 딸아
조건 없이 사랑해라

나는 너에게 다른 사람을 사랑할 자유를 주었단다. 그러니 너에게 고통을 준 사람들 때문에 네가 사랑의 기쁨을 경험하지 못하는 일이 없으면 좋겠구나.

마음을 주는 것에는 항상 위험이 따르지. 나도 안다. 하지만 나는 네가 특별한 우정의 선물을 즐기도록 너를 창조했다. 다만 너의 시간과 에너지를 투자할 사람을 지혜롭게 선택하고 네가 사랑하는 사람들에게 실패할 자유도 주어라.

기억해라. 나처럼 완벽하게 너를 사랑할 사람은 없다. 인간관계에서 오는 실망을 내게 넘겨준다면 너는 조건없이 사랑을 주고받을 수 있을 것이다.

나의 딸아, 기억해라. 대부분의 사람들이 사랑받을 자격이 가장 없을 때 가장 사랑이 필요하단다.

너를 사랑한다. 사랑인 너의 왕

무엇보다도 먼저 서로 뜨겁게 사랑하십시오. 사랑은 허다한 죄를 덮어 줍니다.

_베드로전서 4:8

My Princess...
YOU ARE FREE TO LOVE

I have set you free to love others, so don't let people who have caused you pain paralyze you from experiencing the joys of love. I know there is always a risk when you give a piece of your heart away, but I've created you do enjoy the gift of special friendships. Choose wisely the ones that you invest your time and energy in, and also give those you love the freedom to fail. Remember that no one will love you as perfectly as I do. If you let Me take the disappointments that come with relationships, you will be free to give and receive love unconditionally. Remember, My princess, most people need love the most when they deserve it the least.

Love, Your King who is Love

Most important of all, continue to show deep love for each other, for love covers a multitude of sins. _I PETER 4:8

나의 보석, 내 딸아
너의 계획을 내게 맡겨라

네 인생이 어떻게 되었으면 좋겠다는 식의 너의 계획이 있는 줄 안다.
오늘도 하루를 어떻게 보낼까 계획을 세웠겠지? 너를 사랑하는 나에
게 너의 오늘과 내일의 모든 계획을 맡겨 주지 않겠니?
그러면 내가 너의 인생에 특별한 것으로 개입할 수 있단다.
그렇게 된다면 너의 인생은 네가 계획한 것보다 훨씬 많은 즐거움을
누리게 될 것이다. 나는 네 마음의 모든 소원을 알고 있고, 네가 스스
로 이룰 수 있는 것보다 더 많은 것을 너에게 주고 싶다.
그러니 내가 너의 계획을 평범한 것에서 특별한 것으로 바꿀 기회를
다오. 내가 너를 위해 설계해 둔 인생은 아주 특별하단다.
너를 사랑한다. 너의 왕, 너의 설계자

네가 하는 일을 주님께 맡기면, 계획하는 일이 이루어질 것이다. _잠언 16:3

딸아,
너는 나의
보석이란다

My Princess...
GIVE ME YOUR PLANS

I know you have an idea in your head on how everything should unfold in your life. Even today you have an agenda. Because I love you, I need you to give Me back all your plans for today and for all your tomorrows. If you let Me have your day, I can then intervene with something special. My intervention will give you more joy in your journey than your good intentions. I know all that your heart longs for, and I want to do more for you than you could ever do for yourself. So give Me a chance to change your agenda from ordinary to extraordinary, because that's the kind of life I've destined you to live, My beloved.

Love, Your King and your Planner

Commit to the Lord whatever you do, and your plans will succeed.

_PROVERBS 16:3, NIV

나의 보석, 내 딸아
나는 무엇이든 할 수 있다

나의 능력이 바로 너를 위한 것이라는 사실을 네가 믿기 힘들어한다는 것을 안다. 오늘도 나의 전능한 손이 너의 삶 속에서 일하고 있다. 그것을 보지 못하도록 방해하는 것은 바로 너 자신이다.

나는 나의 아들 예수를 죽은 자들 가운데서 살려 내기 위해 사용했던 것과 동일한 능력을 네 안에 두었다. 과거의 실망이나 두려움 때문에 너의 필요를 나에게 말하지 못하거나 나의 완벽한 타이밍을 믿지 못하는 일이 없으면 좋겠구나.

온 마음으로 나를 찾고, 나를 섬기고, 내가 말하는 모든 것에 순종해라. 내가 한 말과 약속은 반드시 이루어진다.

혹 세상이 너를 낙심시킬지라도 나는 너를 다시 회복시켜 줄 것이다. 세상 끝날까지, 그리고 영원히 나는 너에게 신실할 것이다.

너를 사랑한다. 너의 신실한 왕

주님께서 모세에게 대답하셨다. "나의 손이 짧아지기라도 하였느냐? 이제 너는 내가 말한 것이 너에게 사실로 이루어지는지 그렇지 아니한지를 볼 것이다."_민수기 11:23

딸아,
너는 나의
보석이란다

My Princess...
I CAN DO ANYTHING

I know how hard it is for you to believe that My power is for you personally. The only thing stopping you from seeing My mighty hand at work in your life is you, My love. Remember, I placed within you the same power that I used to raise My Son, Jesus, from the dead. Don't let past disappointments or fears keep you from asking what you need and believing that My timing is perfect. Keep seeking Me with all your heart and continue to obey all that I say while you wait on Me. Know that I will always keep My word and fulfill My promises. Even when the world lets you down, I will lift you up again. I will be true to you until the end of time and beyond.

Love, Your True King

The LORD answered, "I can do anything! Watch and you'll see my words come true." _NUMBERS 11:23, CEV

나의 보석, 내 딸아
내게 붙어 있어라

나는 포도나무이고 너는 가지다. 나는 너의 영적인 생명선이고 너는 모든 이들이 맛보는 열매를 맺는 나의 아름다운 가지다.

나는 네 안에 있고 너와 함께 있다. 우리는 영원히 연결되어 있다. 네가 나에게 붙어 있는 한 너는 절대 외롭거나 버려졌다는 느낌을 받지 않을 것이다. 네가 어디에 있든 나도 그곳에 있고 너의 모든 필요는 언제든 제때에 공급될 것이다. 나는 너를 통해 흐르는 것을 기뻐한다. 혹 네가 내게서 벗어나 멀리 가고 싶어 해도 나는 우리의 관계를 끊지 않을 것이다. 네가 돌아올 때까지 인자한 팔을 벌리고 기다릴 것이다. 항상 기억해라. 네가 어떤 행동을 하고 무슨 말을 하든지 너를 향한 나의 사랑은 변함이 없다. 그러니 항상 내게 붙어 있어라.

너를 사랑한다. 너의 왕, 너의 포도원 농부

나는 포도나무요, 너희는 가지이다. 사람이 내 안에 머물러 있고, 내가 그 안에 머물러 있으면, 그는 많은 열매를 맺는다. 너희는 나를 떠나서는 아무것도 할 수 없다. _요한복음 15:5

My Princess...
YOU ARE CONNECTED TO ME

I am the vine—your spiritual lifeline—and you are My beautiful branch that produces fruit for all to taste. I am in you and with you. We are eternally connected. You will never feel alone or abandoned as long as you stay connected to Me. Wherever you are I am there, ready to give you whatever you need for that moment in time. I delight in flowing through you, My precious one. I will never disconnect our relationship even if you try to run from Me. My loving arms are always open to welcome you home. Always remember that nothing you do or say will ever change My love for you. So stay close to the Vine, My love.

Love, Your King and your Vinedresser

"Yes, I am the vine; you are the branches. Those who remain in me, and I in them, will produce much fruit. For apart from me you can do nothing." _JOHN 15:5

나의 보석, 내 딸아
너는 결코 혼자가 아니란다

내 딸아, 혼자 있는 두려움 때문에 아무나 붙잡으려고 하지 마라. 나는 항상 너와 함께 있다. 나는 세상이 너를 떠날 때에도 네게로 가는 너의 친구다.

사랑하는 딸아, 내가 너를 창조한 것은 너와 친밀한 관계를 맺고 싶어서다. 네가 다른 사람들과 친해지고 싶은 마음을 내가 이해한다. 만일 네가 나를 먼저 찾고 너의 소원과 필요를 들고 내게로 오면, 내가 너를 위해 친구들을 찾아 주고 그들과 풍성한 관계를 맺도록 축복해 주겠다.

누구를 만나고 어디에 가는 것으로 너의 하루 스케줄을 가득 채우지 마라. 최선에 못 미치는 차선책에 안주하지 마라. 먼저 네 안에 내가 거하게 해라. 그러면 너는 내가 편성하는 진실한 관계를 맺게 될 것이다.

너를 사랑한다. 너의 가장 좋은 친구, 너의 왕

"내가 너희에게 명령한 모든 것을 그들에게 가르쳐 지키게 하여라. 보아라, 내가 세상 끝 날까지 항상 너희와 함께 있을 것이다." _마태복음 28:20

딸아,
너는 나의
보석이란다

My Princess...
YOU'RE NEVER ALONE

You never need to hold on to anyone out of fear of being alone, My precious princess. I am with you wherever you are. I am the friend who walks in when the world walks out. I created you to have strong relationships, My love, and I see your desire to be close to someone. If you will seek Me first and come to Me with your wants and needs, I will choose your friends for you. I also will bless those friendships abundantly. Don't settle for less than My best just to fill your schedule with people to see and places to go. I want to reach you with the reality of My presence in you first, and then you will be ready for real relationships that are orchestrated by Me.

Love, Your King and your Best Friend

"And be sure of this: I am with you always, even to the end of the age." _MATTHEW 28:20

나의 보석, 내 딸아
영적인 눈으로 보아라

지금 내게로 와서 내가 너의 영적인 눈을 열게 해라. 엘리사의 종이 많은 군대들에 둘러싸였을 때 내가 그의 눈을 열어서 하늘의 군사들과 불병거들이 그를 보호하고 있는 것을 보게 했던 것처럼 말이다. 너도 나의 택한 딸이다. 네가 매일 치르는 싸움에서 믿음으로 행한다면 너를 지켜 줄 것을 약속한다. 너를 넘어뜨리려는 보이지 않는 적들이 있음을 잊지 말고, 네가 볼 수 없을 때 내가 너의 눈이 되게 해라. "너희 안에 계신 이가 세상에 있는 자보다 크심이라"(요한일서 4:4, 개역개정)는 말씀을 기억해라. 내가 바로 그이고, 너를 위해 싸워 줄 자이다. 네가 전쟁의 한가운데 있는 것 같을지라도 그 전쟁은 너의 것이 아니라 나의 것이다. 그러니 내가 너의 믿음의 눈을 열게 해다오. 그러면 네가 이미 승리했음을 보게 될 것이다.

너를 사랑한다. 너의 눈을 열어 주는 너의 왕

우리의 싸움은 인간을 적대자로 상대하는 것이 아니라, 통치자들과 권세자들과 이 어두운 세계의 지배자들과 하늘에 있는 악한 영들을 상대로 하는 것입니다. _에베소서 6:12

My Princess...
LET ME OPEN YOUR SPIRITUAL EYES

Come to Me right now, and let Me open your spiritual eyes as I did for Elisha's servant when a deadly army surrounded him. With his spiritual eyes he could see an entire host of My heavenly warriors and chariots of fire there to protect him. You are also My chosen one, and I promise to protect you if you will walk by faith in the midst of your daily battles. Don't forget that there is an unseen enemy of your soul who will try to cause you to stumble, so let Me be your eyes when you cannot see. And remember, "Greater is he that is in you, than he that is in the world"(1 John 4:4). I am He. I am the one who fights for you. Even when you feel like you are in the middle of a war, the battle is not yours — it is Mine. So let Me open your eyes of faith, and you will see that the victory is won.

Love, Your King who gives you sight

For we are not fighting against people made of flesh and blood, but against the evil rulers and authorities of the unseen world...and against wicked spirits in the heavenly realms. _EPHESIANS 6:12

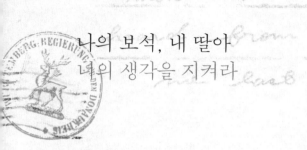

나의 보석, 내 딸아
너의 생각을 지켜라

사랑하는 딸아, 너의 마음을 내게 고정했으면 좋겠구나.

뿐만 아니라 네가 보고, 듣고, 읽고, 생각하는 모든 것에서 너의 마음을 지켰으면 좋겠다.

너의 부르심과 거룩한 헌신을 방해하는 것들을 분별하고, 네 생각을 사로잡고 있는 세상의 방법들로부터 너를 보호해 주고 싶다.

그러나 나는 네가 나의 영에 귀를 기울이고, 너의 마음이 참되고 정결하고 옳은 것을 생각하도록 강요하지는 않는다. 선택은 너의 몫이다. 너의 선택에 따라 너는 풍성하고 축복된 삶, 다른 사람들에게 좋은 영향을 주는 삶을 살 수도 있고, 세상적인 방법을 따라가는 삶을 살 수도 있다.

나, 너의 하나님이 오늘 너에게 간절히 요청한다.

너의 생각이 내 안에 거하도록 해라. 그러면 영원히 누리고 싶은 삶을 발견하게 될 것이다.

너를 사랑한다. 너의 왕, 너의 마음의 평안

그리하면 사람의 헤아림을 뛰어 넘는 하나님의 평화가 여러분의 마음과 생각을 그리스도 예수 안에서 지켜 줄 것입니다. _빌립보서 4:7

딸아,
너는 나의
보석이란다

My Princess...
GUARD YOUR MIND

I want your mind fixed on Me, My beloved. But I want even more from you. I desire great things for you, so I want you to guard your mind by making an "aware list" — all the things you watch, listen to, and read. Let Me show you the things that can carry you away from your calling and destroy your dedication to Me. Even your thoughts can be held captive by the ways of the world. I want to protect you, but I will never force you to listen to My Spirit or make your mind dwell on what is true, pure, and right. The choice is yours, My love. You can have an abundant life, a blessed life — a life of influence for others to follow; or you can join the way of the world. I, your God, am asking you today to let your mind dwell on Me, and you will discover the kind of life you long to enjoy not only now, but forever.

Love, Your King and your Peace of Mind

And the peace of God, which transcends all understanding, will guard your hearts and your minds in Christ Jesus. _PHILIPPIANS 4:7, NIV

나의 보석, 내 딸아
내가 너를 그 자리에 세웠다

내가 너를 지금의 자리에 세운 것은 너를 향한 위대한 목적이 있기 때문이다. 그러나 너의 자리를 인정하지 않는 사람들이 많을 것이다. 어쩌면 너조차 내가 왜 너를 그 자리에 두었는지 깨닫지 못할 수도 있다.

다른 사람들의 인정을 받고 싶은 유혹에 빠질 수 있고, 내가 네 안에 둔 계획들을 변호하느라 귀한 시간을 낭비할 수도 있다. 내 딸아, 기억해라. 나는 여호와 너의 하나님이다. 네가 나를 선택한 것이 아니다. 내가 너를 선택했다.

나는 네 인생의 거룩한 목적을 방해하는 어떤 상황보다 높은 곳에 너를 둘 것이다. 너의 삶에서 내가 행할 놀라운 일을 중지시킬 수 있는 사람은 오직 너뿐이다. 그러니 너는 또 하나의 계획을 세우려고 하지 말고 너의 계획을 내게 온전히 맡겨라. 내가 네 안에서 시작한 일을 내가 마칠 수 있게 해주었으면 좋겠다.

너를 사랑한다. 너의 왕, 너의 거룩한 목적

"왕후께서 이처럼 왕후의 자리에 오르신 것이 바로 이런 일 때문인지를 누가 압니까?" _에스더 4:14

딸아,
너는 나의
보석이란다

My Princess...
I WILL UPHOLD YOU

I have raised you up to a place of great purpose, but there will be many who will not understand your position. Even you may not realize why I have strategically placed you here for such a time as this. You will be tempted to seek the approval of others and waste precious time defending the plans that I've placed in your heart. Remember, I am the Lord your God. You did not choose Me...I chose you. I will lift you high above any circumstances that come against My divine purpose for your life. The only one who can stop My miraculous work in and through your life is you. So instead of making one more plan, give your plans completely to Me, and let Me finish the work I started in you.

Love, Your King and your Divine Purpose

"And who knows but that you have come to royal position for such a time as this?" _ESTHER 4:14, NIV

나의 보석, 내 딸아
힘 있게 기도해라

나의 딸아, 오늘 하루를 살면서 너의 걸음을 낭비하지 마라. 네 영적인 눈을 열어라. 네가 어디에 있든지 항상 기도해라. 네가 요청하기만 하면 내가 어디에서든 너의 발걸음을 지켜 줄 것이다. 운전하면서도 기도하고, 음식을 만들면서도 기도하고, 세탁을 하고 심부름을 하는 동안에도 기도해라.

기도는 네가 쓸 수 있는 가장 강력한 무기이다. 네가 하는 모든 일에서 기도로 길을 열지 않고는 하루가 시작되거나 끝나지 않도록 해라. 네가 어디를 가든지 너에게는 너의 목소리를 하늘로 올려보낼 수 있는 특권이 있다는 사실을 잊지 마라. 내가 네게 준 약속을 붙들고 기도해라!

너를 사랑한다. 너의 왕, 너의 중보자

온갖 기도와 간구로 언제나 성령 안에서 기도하십시오. 이것을 위하여 늘 깨어서 끝까지 참으면서 모든 성도를 위하여 간구하십시오. _에베소서 6:18

딸아,
너는 나의
보석이란다

My Princess...
PRAY WITH POWER

My powerful princess, do not waste your walk through life today. Open your spiritual eyes. Prayer is needed everywhere. Anywhere you walk today I can and will order your steps, if you will let Me. Pray while you're driving, while you're cooking, and while you're doing laundry and running errands. Of all the weapons in the world, prayer is your most powerful resource. Don't let the day begin or end without letting your prayers to Me pave the way in all you do. Wherever you go, remember that part of your royal privilege is raising your voice to heaven. So hold on to the promises that are yours and pray!

Love, Your King and Intercessor

Pray at all times and on every occasion in the power of the holy spirit. Stay alert and be persistent in your prayers for all christians everywhere. _EPHESIANS 6:18

나의 보석, 내 딸아
진정한 친구를 얻어라

내 딸아, 나는 네가 아무하고나 친구가 되지 않았으면 좋겠구나.

진정한 친구를 찾아라. 네 안에서 가장 좋은 것을 끌어내 주는 친구를 찾아라. 그런 친구는 내가 너에게 주는 선물이다.

친구와 진정한 유대 관계를 만드는 데는 시간이 필요하니 너는 지혜롭게 도구를 선택해라. 진정한 우정에 필요한 첫 번째 도구는 통찰력이다. 서로의 마음속에 있는 것과 장점과 약점을 볼 수 있는 능력이다.

두 번째 도구는 진실이다. 나는 길이요 진리요 생명이다. 네가 진실을 말하고 서로에게 힘이 되는 격려의 말을 할 때 진정한 우정의 보상을 발견하게 될 것이다.

마지막으로 너의 우정은 사랑으로 봉인되고, 신뢰의 띠를 매고, 기도로 둘러싸여야 한다. 그리고 네가 상대방에게 기대하는 그런 친구가 되어 주어야 한다.

너를 사랑한다. 너의 왕, 너의 진정한 친구

어떤 친구들은 도움이 되지 않지만 진실된 친구는 가족보다 가깝다.

_잠언 18:24, CEV

딸아,
너는 나의
보석이란다

My Princess...
LET ME BUILD A TRUE FRIENDSHIP

I want you to look for a true friend — not just any friend. Find someone who brings out the best in you — a girlfriend who is a gift from Me. My love, it takes time to build a strong foundation with a true friend, so choose your tools wisely. The first tool you'll need is transparency...the ability to see within each other's heart — your strengths and weaknesses. The next tool is truth. I am the way, the truth, and the life for you. You will discover the rewards of real friendships when you speak truth and bring refreshing words of encouragement to each other. Finally, your friendship will need to be sealed in love, girded with trust, and encircled with prayer. Remember, My princess, you must become the kind of friend you desire to have.

Love, Your King and True Friend

Some friends don't help but a true friend is closer than your own family. _PROVERBS 18:24, CEV

나의 보석, 내 딸아
내가 너를 자유롭게 할 것이다

너의 왕인 내가 너의 마음문 밖에 서서 문을 두드리고 있단다. 네가
은밀한 고통의 장소에서 문을 걸어 잠그고 있는 것을 보고 있지만 나
는 강제로 그 문을 열고 들어가지는 않으려 한다.

네가 준비가 되어서 나를 안으로 맞아들일 때까지 밖에서 기다릴 것
이다. 나의 팔로 너를 안아 주고, 너의 눈물을 닦아 주고, 나의 사랑과
진리로 너를 격려해 주고 싶구나.

네가 듣기 싫어해도 나는 계속 문을 두드릴 것이다. 고통의 문 밖에서
너를 부르기를 멈추지 않을 것이다. 너는 대답하지 않아도 된다. 너를
사랑하기에 나는 포기하지 않을 것이다.

네 마음은 건강과 치유를 얻고 싶어서 울부짖는데, 그것은 나만이 줄
수 있는 것이다. 나의 딸아, 지금도 늦지 않았다. 오늘 너의 어두운 마
음의 문을 열고 내가 들어갈 수 있게 해다오. 따뜻한 햇볕과 부드러운
바람처럼 너의 마음을 새롭고 풍성하게 해줄 것이다.

너를 사랑한다. 네게 자유를 주는 너의 왕

보아라, 내가 문 밖에 서서, 문을 두드리고 있다. 누구든지 내 음성을 듣고 문
을 열면, 나는 그에게로 들어가서 그와 함께 먹고, 그는 나와 함께 먹을 것이
다. _요한계시록 3:20

My Princess...
I WILL SET YOU FREE

I, your King, stand outside the door of your heart and knock. I see you locked up in your private place of pain, but I won't force My way in. I will continue to wait patiently outside until you're ready to let Me come in. I long to hold you in My arms, wipe away your tears, and tenderly encourage you with My love and truth. I will continue to knock even when you turn a deaf ear. I won't stop calling to you from outside the door of your prison of pain. You do not have to answer, but I won't give up because I love you. I know your heart's cry is for the wholeness and healing that only I can bring. It's not too late, My princess. Today you can unlock the door in the darkened room of your heart and let Me come in. Like warm light and a gentle breeze, I will refresh and nourish your soul.
Love, Your King and your Key to Freedom

Listen! I am standing and knocking at your door. If you hear my voice and open the door, I will come in and we will eat together.
_REVELATION 3:20, CEV

나의 보석, 내 딸아
너는 은혜로 구원을 받았다

사랑하는 딸아, 너 자신을 너무 힘들게 하지 마라. 네 마음이 좌절감으로 가득하고, 너의 육신과 영 사이에 끊임없는 전투가 일어나고 있음을 내가 안다. 너의 연약함 때문에 믿음의 삶을 포기하지 말아라.

네 힘으로는 오래 버틸 수 없다는 것을 너도 알지 않니? 나는 네가 잘 못된 길로 갈 때 은혜를 주고, 네가 힘이 필요할 때 힘을 줄 것이다. 너의 모든 잘못을 바로잡아 주고 너의 모든 상처를 치유하기 위해 여기서 기다리고 있을 것이다.

너의 마음속에서 일어나는 전쟁은 나에게 속한 것이다. 그러니 더는 너를 파괴하는 일에 시간을 낭비하지 마라. 네가 무엇을 하고 어떤 말을 해도 나는 너를 사랑한다.

너를 나의 손에 넘겨서 네가 누구인지를 보여 줄 수 있도록 내게 기회를 주고 네게 은혜의 선물을 주게 해다오. 골고다 사건 이후 너의 죄는 깨끗이 용서받았음을 기억하고 과거로부터 자유케 되어 새롭게 시작해라. 내가 네게 주는 선물이다.

너를 사랑한다. 너의 왕, 너의 은총

모든 사람이 죄를 범하였습니다. 그래서 사람은 하나님의 영광에 못 미치는 처지에 놓여 있습니다. 그러나 사람은, 그리스도 예수 안에서 얻는 구원으로 말미암아, 하나님의 은혜로 값없이 의롭다는 선고를 받습니다. _로마서 3:23-24

My Princess...
YOU ARE SAVED BY GRACE

Don't be so hard on yourself, My love. I see your heart filled with frustration. I know you're in a constant battle between your flesh and your spirit. Don't ever give up trying to live out your faith because of your weaknesses. Don't you know that nothing you do in your own strength will last? I give you grace when you've gone the wrong way, and I give you strength right when you need it. I am here waiting to make all your wrongs right and to heal all your hurts. The battles in your mind belong to Me, so don't waste any more time tearing yourself down. I love you no matter what you've done or said. Now give Me a chance to show you who you are when you are surrendered to Me. Let Me give you My gift of grace. Remember that you have been covered with My forgiveness since Calvary; now walk in freedom from the past and open My gift of a new start.

Love, Your King and your Grace

For all have sinned and fall short of the glory of God, and are justified freely by his grace through the redemption that came by Christ Jesus. _ROMANS 3:23-24, NIV

나의 보석, 내 딸아
좀 쉬어라

나의 딸아, 네가 많이 지쳐 있구나. 매일 아침 하루를 감당할 힘을 달라고 부르짖는 소리를 내가 듣고 있다.

너의 많은 염려와 책임을 내게 넘겨라. 그리고 내가 쉬라고 할 때 제발 좀 쉬어라. 나는 너의 하늘 아버지이고 내 딸에게 필요한 것을 가장 잘 안다. 너를 가장 사랑하고 너에 대한 모든 것을 아는 나의 말을 들어라.

일주일 중 하루는 모든 일을 쉼으로 믿음의 발걸음을 내딛어라.

네가 나의 말에 순종하면 나는 너의 시간을 배가하고 평일에 모든 일을 완수할 수 있도록 초자연적인 능력을 주겠다. 너의 몸과 마음과 영에 쉼을 주는 이 기회를 받아들여라.

쉼은 내가 너에게 주는 사랑의 선물이다. 제발 내 안에서 쉬어라!

너를 사랑한다. 너의 왕, 너의 휴식처

"수고하며 무거운 짐을 진 사람은 모두 내게로 오너라. 내가 너희를 쉬게 하겠다."_마태복음 11:28

My Princess...
YOU NEED REST

I know you often grow weary. I hear your heartfelt cry for more energy to make it through each day. You, My tired princess, must trust Me with all your many worries and responsibilities. Rest when I tell you to. I am your heavenly Father, and I know what My girl needs. So listen to the One who loves you the most and knows all about you. I want you to take a step of faith by setting aside a day each week to rest from all your work. If you will obey Me in this, I will multiply your time and supernaturally energize your efforts to get everything done in the following days. Welcome this opportunity to give your mind, body, and spirit a rest. Consider it My love gift to you, and relax in Me!

Love, Your King and your Resting Place

Then Jesus said, "Come to me, all of you who are weary and carry heavy burdens, and I will give you rest." _MATTHEW 11:28

나의 보석, 내 딸아
시간을 귀하게 사용해라

내가 너에게 준 시간은 영원히 소중한 것이며 네가 다른 사람에게 줄수 있는 가장 중요한 것이기도 하다. 네 인생은 참으로 귀하다.

나의 딸아, 나는 너의 모든 약속이 나의 완벽한 뜻 안에 있기를 원한다. 네 눈에 좋아 보이는 모든 기회들이 내가 준 것은 아니다. 더 많은 돈을 벌 수 있는 방법은 많지만 시간은 다시 살 수 없음을 명심하고 너의 시간을 지혜롭게 투자해라.

네가 무엇을 하고 있고, 네 귀한 인생을 어떻게 사용하고 있는지 생각해보아라. 너의 하루하루가 너에게 중요한 것들로 채워져 있니? 바로 지금 이 순간이 너의 스케줄을 관리하고 중요한 것을 해야 할 때이다.

네가 나와 함께한다면, 네 인생의 이 계절에 네게 가장 필요한 것을 하지 못하도록 방해하는 것을 제거하도록 도와주겠다. 바른 일을 하기에 부적절한 시간이란 결코 없다.

내게로 와서 내가 지향하는 성공을 경험해라.

너를 사랑한다. 너의 왕, 영원한 타임키퍼

우리 사람들은 유익하고 보람 있는 일에 시간을 사용하기를 배워야 한다.

_디도서 3:14, CEV

딸아,
너는 나의
보석이란다

My Princess...
YOUR TIME IS VALUABLE

The time I have given you is of eternal importance. Your life matters, and the most valuable asset you can give to someone or something is time. Remember, My royal one, I want all of your appointments to be in My perfect will. Not all good opportunities are from Me. Keep in mind, My love, that there may be many ways to make more money, but you can never buy back time. So invest your time wisely. Think about what you are doing and how you spend your precious life. Are your days full of the things that matter most to you? Now is the time to take control of your schedule and live a life that matters. If you will sit with Me, I will help you remove the things that are holding you back from doing what's most needed in this season of your life. There is never a wrong time to do the right thing, so come and experience success with divine direction.

Love, Your King and Eternal Timekeeper

Our people should learn to spend their time doing something useful and worthwhile. _TITUS 3:14, CEV

나의 보석, 내 딸아
너는 귀히 쓰일 그릇이다

나는 최고의 토기장이이고, 너는 진흙이다. 네가 내 손에 빚어지고 나의 쓰임을 받고 싶어 하는 것을 내가 안다. 나는 너를 귀히 쓰일 그릇이 되도록 창조했다.

내 딸아, 너는 나의 그릇이다. 나는 너를 나의 사랑, 소망, 축복으로 가득 채워서 목마른 자들의 갈증을 풀어 주게 하고 싶다. 네가 깨어지고 네 안에 아무것도 없다고 여길 때에도 네가 나의 손에 붙들려 있기만 하면 나는 너를 쓸 수 있다. 내가 너를 선택한 것은 네가 너의 상함을 보았고, 너의 깨어진 조각들을 내게 주었기 때문이다. 높고 아름다운 자리에 앉아 교만과 자신감으로 가득 차 있는 자는 귀한 그릇이 될 수 없다. 네가 귀하게 생각하는 것들을 비우기를 두려워하지 마라. 대신 내가 매우 귀한 것으로 너를 채우게 해라. 내가 너를 붙들고 나의 축복으로 너를 채우게 해라. 그리하면 너는 나의 귀한 그릇만이 누릴 수 있는 넘치는 기쁨을 경험하게 될 것이다.

너를 사랑한다. 너의 왕, 너의 창조자

그러므로 누구든지 이러한 것들로부터 자신을 깨끗하게 하면, 그는 주인이 온갖 좋은 일에 요긴하게 쓰는 성별된 귀한 그릇이 될 것입니다. _디모데후서 2:21

딸아,
너는 나의
보석이란다

My Princess...
YOU ARE A VESSEL FOR HONOR

I am the Master Potter, and you are the clay. I know your desire is to be shaped by Me—to be used by Me. That is what I created you for—to be a vessel of honor. I want to fill you up with My love, My hope, My blessing, and pour you out to quench a thirsty world. Even on those days when you feel broken and empty, I can still use you—as long as you are firmly held in My grasp. I chose you because you have seen your own brokenness and have given every shattered piece to Me. No one can become a vessel of honor by sitting tall and pretty—filled to the brim with pride and self-confidence. Don't be afraid to empty yourself of what you think is valuable, and let Me fill you up with what is invaluable. Let Me hold you. Let Me fill you. Let Me pour out My blessings through you, and you will experience overflowing joy as My vessel of honor.

Love, Your King and your Creator

If anyone cleanses himself from these things, he will be a vessel for honor, sanctified, useful to the Master, prepared for every good work. _2 TIMOTHY 2:21, NASB

나의 보석, 내 딸아
유혹에 넘어가지 마라

나는 너를 악에서 보호해 주고 싶을 뿐만 아니라 네 마음이 죄를 짓고 싶어 하는 욕망에서 완전히 자유해지기를 원한다.

죄가 너를 유혹할 때는 죄를 이길 권세를 취하여 큰 소리로 나의 구원의 말을 선포해라. 그러면 나의 능력이 네 마음의 적보다 더 크다는 것을 알게 될 것이다.

나는 너의 힘이고 너의 안전이다. 나는 영생에 이르는 길에서 너를 지켜 줄 수 있다. 어떤 것도 너를 향한 나의 완전한 뜻을 막지 못한다. 나는 세상의 쾌락이 제공하는 것보다 훨씬 위대한 목적을 위해 너를 구별해 놓았다.

딸아, 유혹의 함정에 걸려들기 전에 내게 부르짖어라. 내가 피할 길을 주겠다. 나를 찾아라. 내가 이길 힘을 주겠다. 네가 나의 선함을 맛보아 알수록 일시적인 쾌락을 덜 갈망하게 될 것이다.

나는 네가 연약한 모든 곳에서 강하고 어떤 상황도 뚫고 나가거나 피할 힘을 너에게 줄 것이다. 이제 일어나서 내 이름으로 걸어라. 네가 균형 잡힌 삶을 살 수 있게 돕게 해다오.

너를 사랑한다. 너의 왕, 너를 지키는 자

아버지께서 그분의 영광의 풍성하심을 따라 그분의 성령을 통하여 여러분의 속 사람을 능력으로 강건하게 하여 주시고. _에베소서 3:16

딸아,
너는 나의
보석이란다

My Princess...
I CAN KEEP YOU FROM FALLING

I want to do more for you than keep you from evil. I want to free your heart from the desire to sin. When you are being tempted, take authority over evil and speak My words of deliverance out loud—you will discover that My power is greater than the enemy's of your soul. I am your Power, your Safety. I can keep you on the road to everlasting life and let nothing destroy My perfect will for you. I have set you apart for a purpose far greater than any pleasure this world has to offer. So call to Me before you stumble into a trap, and I will make a way of escape. Seek Me, and I will give you the power to prevail. The more you taste of My goodness, the less you will crave any temporary temptation. I am strong in your every weakness, and I will give you strength to walk through or away from any situation. Now get up and go in My name, and let Me help you live a balanced life.

Love, Your King and your Keeper

I pray that from his glorious, unlimited resources he will give you mighty inner strength through his Holy Spirit. _EPHESIANS 3:16

나의 보석, 내 딸아
너의 삶에 만족해라

내 딸아, 네가 나를 너의 삶에 개입하게 해주었을 때 나는 너에게 나의 평안을 주었다. 이제 너는 평화로운 마음과 만족하는 심령으로 너의 삶을 즐길 수 있다. 네가 장차 나와 함께 하늘의 집에 살 때를 많이 고대해도 좋다. 그러나 지금은 네가 돈으로 사거나 수집하는 것들로는 내가 줄 수 있는 평안과 위로를 얻을 수 없단다.

너는 아무것도 가지지 않은 채 이 세상에 왔고 떠날 때도 그럴 것이다. 내가 너에게 이 땅의 인생이 줄 수 있는 좋은 선물들보다 더 많은 것을 주게 해다오. 나는 세상이 주는 것보다 더 소중하게 간직될 추억으로 가득하고 기쁨으로 장식된 평안의 장소를 줄 것이다.

내가 너의 보물이 되게 해라. 그러면 돈으로 살 수 있는 어떤 것보다 훨씬 더 아름다울 풍성한 삶을 너에게 줄 것이다.

너를 사랑한다. 너의 왕, 너의 만족

나는 비천하게 살 줄도 알고, 풍족하게 살 줄도 압니다. 배부르거나, 굶주리거나, 풍족하거나, 궁핍하거나, 그 어떤 경우에도 적응할 수 있는 비결을 배웠습니다. 나에게 능력을 주시는 분 안에서, 나는 모든 것을 할 수 있습니다.

_빌립보서 4:12-13

My Princess...
I WANT YOU TO BE CONTENT

You were given My peace when you let Me into your life. It is possible, My princess, to enjoy your life with a peaceful mind and a contented heart. You have so much to look forward to when you're settled in your heavenly home with Me. But for now you must remember that nothing you buy or collect will calm your spirit or soothe your soul like I can. You came into this world with nothing, and that is how you will leave it. Let Me do more than give you the good gifts this life has to offer. I will give you a place of peace, decorated with delight and filled with memories that will be more cherished than anything this world has to offer. So let Me be your treasure, and I will give you a rich life that will become more beautiful than anything money can buy.

Love, Your King and your Contentment

I know what it is to be in need, and I know what it is to have plenty. I have learned the secret of being content in any and every situation, whether well fed or hungry, whether living in plenty or in want. I can do everything through him who gives me strength.

_PHILIPPIANS 4:12-13, NIV

133

나의 보석, 내 딸아
열심을 내어 말씀을 읽어라

내 딸아, 네가 나와 나의 말에 열심을 내었으면 좋겠다. 나의 말을 읽을수록 너는 나를 더 많이 원하게 될 것이다. 사람이나 다른 어떤 것이 그 시간을 빼앗지 않게 해라.

네가 나를 사랑하는 줄 내가 안다. 그러나 나는 종종 나 아닌 다른 것을 보고 있는 너를 본단다. 네가 초자연적인 지혜를 가지고 살아갈 수 있게 하는 것은 나의 말뿐이다. 네가 누구인지 그리고 내가 너를 얼마나 사랑하는지를 알려 주는 것도 나의 말뿐이다. 세상에는 볼 것도 많고 할 것도 많기는 하다. 그러나 내가 너를 위해 쓴 사랑의 편지인 나의 말에서 발견할 복과 안전은 세상 어디에서도 얻을 수 없다.

오늘 성경을 펴서 내가 매우 생생하고 친밀한 방법으로 너에게 나를 드러내게 해다오. 네가 나와 보내는 시간은 나의 강한 손에 의해 배가 될 것이다. 내게 가까이 와라. 그러면 내가 네게 가까이 가겠다.

너를 사랑한다. 너의 왕, 너의 살아 있는 말씀

주님의 말씀은 내 발의 등불이요, 내 길의 빛입니다. _시편 119:105

딸아,
너는 나의
보석이란다

My Princess...
HAVE A PASSION FOR MY WORD

I want you to have a passion in your heart for Me and My written Word. I promise you...the more you read My word, the more you will want Me. Don't let anyone or anything steal that time away from you and Me, My child. I know you love Me, but I often find you looking everywhere else except to Me. It's My word that lets you live life with supernatural wisdom. It's My word that defines who you are and how much I love you. I know there is much to see and do, but nothing will give you the blessings or security that you will discover in the love letter I've written for you-My Word. Open your Bible today, and let Me reveal Myself to you in a very real and intimate way. Any time you spend with Me will be multiplied by My mighty hand, so draw near to Me and I will draw near to you.

Love, Your King and your Living Word

Your word is a lamp to my feet and a light for my path.

_PSALM 119:105, NIV

나의 보석, 내 딸아
잃어버린 영혼들을 내게로 인도해라

나는 네 안에서 너와 함께 살고 있다. 나의 능력이 너의 삶에 있기 때문에 너에게는 나를 알아야 할 모든 사람들에게 그 길을 보여 줄 능력이 있다.

그러나 네가 너의 업적 위에 네 인생을 세우려고 하면 나의 능력을 발견하지 못할 뿐만 아니라 너의 소명을 완수하지 못할 것이다.

너는 메마르고 목마른 땅에서 방황하는 세상을 상쾌하게 하기 위해 내가 뽑은 딸이다. 네 주위에는 버림받고 혼자라고 느끼는 사람들이 많다. 그들의 잔은 비어 있고 영혼도 메말라 있다.

나의 택한 딸아, 먼저 내가 나의 영으로 너를 채우게 해다오. 그러면 그들을 생명의 물로 데려오고 진정한 사랑으로 인도하는 법을 네게 보여 주마. 네가 그들을 나에게로 인도할 길을 만들마. 그들은 천국에 이르는 길을 보여 준 너에게 감사하게 될 것이다.

너를 사랑한다. 너를 새롭게 하고 인도하는 너의 왕

그것은, 하나님께서 그리스도 예수 안에서 우리에게 자비로 베풀어주신 그 은혜가 얼마나 풍성한지를 장차 올 모든 세대에게 드러내 보이시기 위함입니다.
_에베소서 2:7

딸아,
너는 나의
보석이란다

My Princess...
LEAD THE LOST

I am dwelling in you and with you. Because My power is in your life, you have the ability to show the way to all who need to find Me. But you won't discover My power or complete your calling if you try and build your life on your own accomplishments. You have been handpicked by Me to refresh a world that is wandering around in a dry and thirsty land. There are many who are lost and feel very alone. Their cups are empty and so are their souls. So let Me fill you with My Spirit, My appointed one; I will show you how to bring them living water and lead them to the true love they long for. I will make a way for you to lead them to Me. And because you loved and followed Me, you will be the one they'll thank on the other side of eternity for showing them the way to heaven.

Love, Your King who refreshes and leads

And so God can always point to us as examples of the incredible wealth of his favor and kindness toward us, as shown in all he has done for us through Christ Jesus. _EPHESIANS 2:7

나의 보석, 내 딸아
내게 무엇이든 구해라

나는 전능하다. 나의 영원한 계획에 따라 너에게 중요한 일을 시키려고 너를 준비시키는 중이다. 그러니 과거의 실망 때문에 큰 꿈을 꾸는 것을 두려워하지 마라.

기억해라. 너를 실패하게 한 것은 나에 대한 믿음이 아니었다. 너에게 꿈이 깨어지는 고통을 준 것은 사람에 대한 믿음이었다. 나는 너의 왕이고 네가 내 이름으로 구하는 것은 무엇이든 줄 수 있다. 다윗 왕은 작은 목동이었으나 거인을 죽일 만한 큰 믿음이 있었다. 내가 그때 다윗과 함께했듯이 오늘 네 안에서도 일하고 있다.

그러니 내게 구하고, 내게 순종하고, 너의 마음과 뜻과 힘을 다해 나를 찾아라. 그러면 나의 완벽한 때에 나의 약속이 이루어지는 것을 네가 볼 것이다.

너를 사랑한다. 모든 것의 해답인 너의 왕

"너희가 무엇이든지 내 이름으로 구하면, 내가 다 이루어 주겠다."

_요한복음 14:14

딸아,
너는 나의
보석이란다

My Princess...
ASK ME ANYTHING

I am all-powerful, and I am preparing you for something significant in My eternal plan. Don't be afraid to dream big just because of past disappointments. Remember, it wasn't your faith in Me that failed you, it was your faith in people that caused the pain of broken dreams. I am your King, and I can do anything you ask in My name. King David started out as a small shepherd boy, but had faith big enough to kill a giant. I am just as real today in you as I was back then. So ask Me, obey Me, and seek Me with all your heart, mind, and strength. And then watch My promises to you come to pass in my perfect time.

Love, Your King and Answer to everything

Yes, ask anything in my name, and I will do it! _JOHN 14:14

나의 보석, 내 딸아
너의 죄를 내게 고백해라

딸아, 나는 네가 내게로 와서 죄를 고백하는 소리를 듣는 것이 좋다. 나는 너의 피난처이며 너의 구원이다. 내가 감당할 수 없기 때문에 네가 내게 하지 못할 말은 없다.

나는 이미 너의 모든 생각, 행동, 마음의 동기를 다 알고 있는데 왜 내게 네 죄를 숨기려 하느냐. 우리 함께 해결하자. 네가 소원하는 축복된 삶을 막고 있는 것을 내게 넘겨다오. 나는 너의 영혼을 회복시켜서 평안하게 하고 너를 눈처럼 희게 할 준비가 늘 되어 있다. 내게로 와서 진리 안에 거하고 너의 영혼을 사랑하는 구원자에게 정직해라.

우리 함께 이야기하자. 너의 죄의 무게를 내게 지워라. 내게로 와서 고백해라. 그러면 네가 눈처럼 깨끗해지고 몸과 마음과 영에 온전한 치유를 경험하게 될 것이다!

너를 사랑한다. 너의 왕, 너를 위해 죽은 구원자

드디어 나는 내 죄를 주님께 아뢰며 내 잘못을 덮어두지 않고 털어놓았습니다. "내가 주님께 거역한 나의 죄를 고백합니다" 하였더니, 주님께서는 나의 죄악을 기꺼이 용서하셨습니다. _시편 32:5

딸아,
너는 나의
보석이란다

My Princess...
CONFESS YOUR SIN TO ME

I love it when you come to Me to confess your sin. I am your safe place and your salvation. My child, there is nothing you can tell Me that I can't handle hearing. I already know your every thought, action, and motive, so why waste even a moment trying to hide any sin from Me? Let's make it right together. Let Me have the thing that's holding you back from the blessed life you desire to live. I am always ready to restore your soul to a place of peace and make you white as snow. Please come to Me in truth and be transparent with your Savior—the Lover of your soul. Let's talk together, and let Me take the weight of your sin. Come to Me in confession and I will wash you clean, and your mind, body, and spirit will know My total healing!

Love, Your King and Savior who died for you

Finally, I confessed all my sins to you and stopped trying to hide them. I said to myself, "I will confess my rebellion to the LORD." And you forgave me! All my guilt is gone. _PSALM 32:5

나의 보석, 내 딸아
너는 새것이다

너는 나의 귀한 딸이고, 네 안에는 나의 영이 살고 있단다. 그래서 나는 네가 누구인지를 너에게 알려 주고 싶구나. 먼저 너의 정체성이 아닌 것에서 시작해 보자.

너는 더 이상 죄의 노예가 아니다. 너는 더 이상 사탄의 권세 아래 있지 않다. 나의 생명으로 너를 샀으니 너는 너 자신의 것도 아니다.

너의 하늘 아버지로서 내가 네게 요구한다. 너를 위해 더 높은 기준을 설정해라. 네가 새사람이 되지 못하도록 막고 있는 옛 습관을 버려라. 네가 나의 훈계를 받아들이기 전에는 내가 너의 믿음을 다음 수준으로 끌어올릴 수 없다.

내가 아브라함에게 그의 안전지대를 떠나 낯선 곳으로 가도록 요구했던 것처럼 지금 너를 옛 생활에서 멀어지게 하는 중이다. 나의 임재 가운데로 들어와서 나의 능력을 받아 너의 삶을 변화시켜라.

너를 사랑한다. 새로운 삶을 주는 너의 왕

누구든지 그리스도 안에 있으면, 그는 새로운 피조물입니다. 옛 것은 지나갔습니다. 보십시오, 새 것이 되었습니다. _고린도후서 5:17

My Princess...
YOU ARE A NEW CREATION

You are My precious daughter, and now that My spirit lives within you, I long to teach you about who you are. Let Me start by defining what you are not, My love. You are not a slave to sin any longer. You are no longer under Satan's power. You are not even your own because I bought you with My life.

As your Father, I'm asking you to set a higher standard for yourself. Let go of the old habits that are holding you back from becoming the new you. I can't take you to the next level of your faith until you're willing to receive My instruction. Just as I asked Abraham to leave his comfort zone and go to unfamiliar territory, I am leading you away from your former life. And then I invite you to enter into My presence and receive My power to transform your life.

Love, Your King who gives new life

What this means is that those who become Christians become new persons. They are not the same anymore, for the old life is gone. A new life has begun! _2 CORINTHIANS 5:17

나의 보석, 내 딸아
나는 너에게 가장 좋은 것을 준단다

나는 너에게 가장 좋은 것이 무엇인지 안다. 그리고 내가 알지 못한 채 일어나는 일은 이 세상에 없다. 네가 계획했던 대로 인생이 펼쳐지지 않는다고 실망하고 있는 것을 나도 안다. 네가 눈을 들어 나의 손이 일하고 있는 것을 볼 수 있다면 실망하지 않을 텐데 안타깝구나. 이 땅에서의 삶은 한시적이라는 것을 잊지 마라.

다시 말해서 내 딸아, 너는 아직 본향에 이른 것이 아니다.

지금은 좀 낙심이 되더라도 나를 믿고 포기하지 않았으면 좋겠다.

내가 너의 고통을 인내의 열정으로 바꾸게 해다오. 포기하지 마라! 너 자신을 나의 완벽한 계획에 맡겨다오. 나는 너에게 가장 좋은 것을 주고 싶어 한다는 것을 기억해다오.

너를 사랑한다. 너의 왕, 너를 가장 잘 아는 너의 아버지

주님은 너를 지키시는 분, 주님은 네 오른쪽에 서서, 너를 보호하는 그늘이 되어 주시니. _시편 121:5

딸아,
너는 나의
보석이란다

My Princess...
I WILL WORK OUT WHAT'S BEST

I know what's best for you, and nothing happens without My knowledge. I see your disappointment when things don't unfold in your life the way you had envisioned. But if you could only lift your eyes to heaven and see My hand moving with eternal purposes, you could better understand. Don't forget that your life here is temporary...in other words, My love, you're not home yet. But for now I want you to trust Me in your disappointments, and let Me turn your pain into a passion to persevere. Wait on Me, My love. Don't give up! Rather, give in to Me and My perfect plan for you, knowing that I only desire the very best for you.

Love, Your King and Father who truly knows best

The LORD watches over you—the LORD is your shade at your right hand. _PSALM 121:5, NIV

나의 보석, 내 딸아
내가 너를 거룩하게 구별했다

내가 너보다 앞서 온 자들을 불렀던 것처럼 너를 불러서 구별했다. 이 부르심은 때로 큰 대가를 치르게 하기도 하지만 그것에 대한 영원한 보상은 값을 매길 수 없을 정도로 귀하다.

내가 에스더 왕비에게 주었던 것처럼 네게도 모든 사람들이 네가 나의 거룩한 딸임을 알 수 있는 길로 걸을 능력을 주었다. 어떤 사람들은 너의 헌신을 칭찬하고, 또 어떤 이들은 네 길을 따르기보다 네가 실패하기를 바랄 것이다. 너는 완벽하지 않기 때문에 넘어지기도 하겠지만 그 실수는 너를 더욱 지혜롭게 만드는 선생이 될 것이다.

나의 딸아, 완벽하려고 자신을 압박하지 마라. 너를 완전하게 할 수 있는 자는 나뿐이다. 다만 내가 너를 구별해서 세상 사람들 앞에 증인으로 세우도록 허락해다오.

너를 사랑한다. 너를 거룩하게 구별한 너의 왕

"내가 너를 모태에서 짓기도 전에 너를 선택하고, 네가 태어나기도 전에 너를 거룩하게 구별해서, 뭇 민족에게 보낼 예언자로 세웠다."_예레미야 1:5

딸아,
너는 나의
보석이란다

My Princess...
I HAVE SET YOU APART

I have called you to be set apart, just as I called those who came before you. I know this calling will sometimes come with great cost, but the eternal rewards are priceless and beyond comparison. Just as I did with Queen Esther, I have given you the ability to walk in such a way so all will see that you are divinely Mine. Some will admire you for your dedication to Me, and some will want you to fail rather than follow your lead. You may fall because you are not perfect, but your mistakes can be the tutors that make you wiser. Don't put pressure on yourself to be perfect. I'm the only one who can perfect you, My princess. All I ask is that you let Me set you apart so that I use you as a witness for the world to see.

Love, Your King who sets you apart

"I knew you before I formed you in your mother's womb. Before you were born I set you apart and appointed you as my spokesman to the world." _JEREMIAH 1:5

나의 보석, 내 딸아
울어도 괜찮다

마음을 다스리기가 힘들지는 않니? 내가 안다. 마음의 고통이나 아픔
이 없는 삶을 살고 싶을 거다. 딸아, 마음이 견딜 수 없이 상할 때에는
하늘에 계신 너의 아버지에게 울부짖어라. 내가 치유해 주겠다.

내가 택한 다윗을 기억하지? 그는 두려움, 낙심, 죄에 빠져서 내게 부
르짖었고 나는 그에게 응답했다. 너도 내가 택한 자요 나의 딸이니 울
어도 괜찮다.

나는 네가 아프지 않은 척, 괜찮은 척하지 않았으면 좋겠다. 내가 너
에게 알게 해주고 싶은 자유는 진리와 눈물을 통해 얻어지는 것이다.

내 딸아, 나만이 치유할 수 있는 네 마음의 상처를 내려놓아라. 네가
우는 동안 너의 하늘 아버지가 너를 품고 있게 해다오.

너를 사랑한다. 너의 눈물을 닦아 주는 너의 왕

눈물을 흘리며 씨를 뿌리는 사람은 기쁨으로 거둔다. _시편 126:5

My Princess...
IT'S OKAY TO CRY

I see how hard you try to handle your heart, and I know you want to live a life without heartaches or pain. I'm asking you to take a step closer to your Father in heaven by crying out to Me when you hurt. Let Me heal you. Remember My chosen, King David? He cried out to Me in his fears, disappointments, and sin, and I answered. You are also My chosen one, and you are My daughter...so it's okay to cry. I don't expect you to pretend that pain is not real. It is truth and tears that will give you the freedom that I want you to know. Now let go of that part of your heart that only I can heal. Let your heavenly Daddy hold you while you cry.

Love, Your King who wipes away your tears

Those who sow in tears will reap with songs of joy. _PSALM 126:5, NIV

나의 보석, 내 딸아
인생의 키를 내게 넘겨라

딸아, 나는 너의 왕이고 모든 것을 다스리는 자이다. 바람이 불고 파도가 쳐서 배가 사정없이 흔들릴 때 내가 너를 안전하게 인도할 수 있도록 키를 내게 맡겨 주지 않겠니? 그 폭풍을 다스리고 잠재울 수 있는 유일한 선장은 나뿐이다. 네 힘으로 핸들을 꼭 붙잡고 통제하고 싶어 하는 것을 안다. 하지만 너와 네 미래는 내가 쥐고 있단다.

너와 너의 미래를 나보다 더 잘 아는 사람은 없다. 또다시 완전히 파선한 뒤에 다시 시작하려고 발버둥 치며 너 자신을 소진하지 않기 바란다.

나는 깨어진 조각을 모아서 이전보다 훨씬 좋게 만들 수 있는 자이다. 너의 인생의 키를 내게 넘겨라. 험한 풍랑 속에서 너를 평안하게 할 것이고, 아니면 거친 파도를 잠재울 것이다. 어느 쪽이든 너는 나와 함께 안전할 것이다!

너를 사랑한다. 폭풍을 잠잠케 하는 너의 왕

그래서 제자들이 다가가서 예수를 깨우고서 말하였다. "선생님, 선생님, 우리가 죽게 되었습니다." 예수께서 깨어나서, 바람과 성난 물결을 꾸짖으시니, 바람과 물결이 곧 그치고 잔잔해졌다. _누가복음 8:24

딸아,
너는 나의
보석이란다

My Princess...
GIVE ME CONTROL

I am your King and the ruler of all things. When the winds blow and the waves crash against the sides of your lifeboat, let Me steer you to safety. I'm not only the Captain of your ship, I can also control the storm. I know you like to feel you're in control by holding on to the wheel with all your strength, but I have you and your future under control. Who knows you better than I do? I don't want you to keep exhausting yourself trying to rebuild your life after another shipwreck. I am the One who takes what is broken and rebuilds it even better than before. So give your life back to Me. I will calm you in the storm, or I will clear the rough waters; either way, you will be safe with Me!

Love, Your King who calms the storm

The disciples woke him up, shouting, "Master, Master we're going to drown!" So Jesus rebuked the wind and the raging waves. The storm stopped and all was calm! _LUKE 8:24

나의 보석, 내 딸아
아낌없이 베풀어라

나의 딸아, 네가 사람들에게 나누어 주기를 좋아하는 것을 내가 안다. 어려운 자들에게 도움의 손길을 베푸는 네 모습과 마음을 내가 좋아 한다. 네가 나를 위해 네 자신을 희생하고 내어 줄 때마다 진정한 평 안과 기쁨의 근원을 발견하게 될 것이다.

네가 아무리 많이 베풀고 섬겨도 내가 네게 주는 것보다 많지는 않다 는 것을 기억해라. 네가 나의 나라와 의를 위해 행하고 말하는 것은 장차 몇 십 배, 몇 백 배로 되돌려 받게 될 것이다. 그러니 지금 나의 손길이 필요한 자들에게 너의 시간과 사랑의 선물을 나를 대신해서 전해 주면 좋겠구나.

너를 사랑한다. 너의 왕, 너의 보상자

"내가 진정으로 너희에게 말한다. 너희가 그리스도의 사람이라고 해서 너희 에게 물 한 잔이라도 주는 사람은, 절대로 자기가 받을 상을 잃지 않을 것이 다."_마가복음 9:41

My Princess...
GIVE OF YOURSELF

I see how you pour yourself out to people. I love your heart and how you extend a helping hand to those in need. You will discover the true source of serenity and joy every time you step outside of yourself and give your life for My sake. I want you to remember you can never outgive Me, My love. Anything you do or say to further My Kingdom will be given back to you abundantly. Now go...give your gifts of time and tenderness to a world that desperately needs a touch from Me through you.

Love, Your King and giver of life

If anyone gives you even a cup of water because you belong to the Messiah, I assure you, that person will be rewarded. _MARK 9:41

나의 보석, 내 딸아
가치 있는 것에 네 인생을 걸어라

나의 딸아, 나는 나의 모든 것을 너에게 주었다. 나 자신을 너에게 주었고 너를 위해 십자가에서 죽기까지 했다. 너의 영혼은 그만한 가치가 있기 때문이다. 내가 하늘에 계신 나의 아버지께 "저들을 용서해 주옵소서. 저들은 자신들이 한 일을 알지 못합니다"라고 부르짖었을 때 저들은 바로 너였다!

날마다 살아가는 삶이 얼마나 고된지 나도 안다. 어떤 날은 스트레스가 너무 많아서 내 임재를 느낄 여유도 없다는 것 역시 안다.

그러나 나의 딸아, 이것을 생각해 보렴. 장차 내가 너를 위해 열심히 준비한 아름다운 천국을 볼 때 너는 나를 위해 살 만한 가치가 있었다고 고백하게 될 것이다. 나의 나라는 투자할 가치가 확실하단다.

내가 거룩한 목적을 위해 너를 이곳에 두었다는 것을 기억해라. 그러니 무언가를 하기 전에 그럴 만한 가치가 있는지 계산해 볼래? 너는 값을 매길 수 없을 정도로 귀하고 귀하기 때문이다!

너를 사랑한다. 너를 위해 대가를 지불한 너의 왕

생명을 속량하는 값은 값으로 매길 수 없이 비싼 것이어서, 아무리 벌어도 마련할 수 없다. _시편 49:8

딸아,
너는 나의
보석이란다

My Princess...
COUNT THE COST

I gave My all for you, My love. I gave Myself and died on the cross for you. Your precious soul was worth it all. When I cried out to My Father in heaven to "forgive them, they know not what they have done," I meant you! I know how life challenges you daily, and that sometimes it's hard to see My presence in your stress-filled days. But just think about this, My child: When you see the beautiful heavens I've passionately prepared for you, then you'll say without a doubt that it was worth the cost to live out your life for Me. My Kingdom is the one sure thing worth investing in. Remember, My love, I placed you here by My divine plan, so before you commit to anything or anyone, count the cost—because you are priceless!

Love, Your King who paid the price for you

The ransom for a life is costly, no payment is ever enough.

_PSALM 49:8, NIV

나의 보석, 내 딸아
너를 포장하지 마라

너는 나에게 소중하고 아름다운 딸이다. 내가 너를 지금의 모습으로 만들었다. 그러니 너는 다른 누구인 척할 필요가 없다. 물론 모든 면에 완벽해져서 나를 감동시키려 애쓰지 않아도 된다. 내가 원하는 것은 네 모습 그대로 나와 함께하며 자유함을 누리는 것이다. 네가 진정한 너를 찾아갈수록 다른 사람들과의 관계도 좋아질 것이다.

나의 딸아, 이제는 너를 포장하지 마라. 나는 너의 모습 그대로를 사랑한다. 그러니 내 앞에서 정직하게 말하고 행하거라. 나는 너의 모습 그대로 자유롭게 살도록 하기 위해 나의 생명을 너에게 주었다. 누구든 너를 가짜 모습으로 바꾸어서 너의 기쁨을 빼앗지 못하게 해라. 너 자신에게 솔직하고 내게도 솔직해라. 나는 너의 진짜 모습을 사랑한다. 너를 사랑한다. 너의 진정한 왕.

주님은 영이십니다. 주님의 영이 계신 곳에는 자유가 있습니다.

_고린도후서 3:17

딸아,
너는 나의
보석이란다

My Princess...
BE REAL WITH ME

You are precious and beautiful to Me. You never need to pretend to be something other than who I made you to be. I don't want you to try to impress Me by pretending that all is perfect in your life, My love. I want you to find great freedom in being real with Me. The more real you become, the better you will relate to others. No more pretending, My princess. I love you just the way you are, and I want you to be real with Me in all you do and say. I gave My life for you so you could live free to be yourself. Don't let anyone steal your joy by turning you into something fake. Be true to yourself and be true to Me, because I love the real you.

Love, Your True King

Now the LORD is the Spirit, and where the Spirit of the LORD is, there is freedom. _2 CORINTHIANS 3:17, NIV

나의 보석, 내 딸아
네 입을 지켜라

나의 딸아, 기억해라. 너의 말에는 생명과 사망의 권세가 있다. 너는 날마다 다른 사람들에 대해 이야기할 기회를 갖게 될 것이다. 부탁인데 너의 대화를 내가 다스리게 해다오.

다른 사람을 험담하고 싶은 유혹을 받을 때는 기도해라. 나는 너의 혀를 길들일 수 있는 유일한 자이다. 말하기 전에 먼저 생각하는 것이 얼마나 어려운지 안다. 하지만 내가 도와줄게. 나는 네가 누구의 말을 들을지, 어떤 대화에 참여할지를 신중하게 판단하기를 바란다. 좋지 않은 사람들과 어울리고 쓸데없는 대화나 험담에 참여하면 너는 친구와 평판을 동시에 잃을 수 있다.

나는 네가 다른 사람들을 어떻게 생각하는지 알고 싶구나. 그것을 다른 누군가에게 말하기 전에 먼저 내게 말해 주겠니? 그러면 내가 다른 사람을 세워 주고 나를 영화롭게 하는 지혜의 말을 주겠다.

너를 사랑한다. 너의 혀를 정결케 하는 너의 왕

나쁜 말은 입 밖에 내지 말고, 덕을 세우는 데에 필요한 말이 있으면, 적절한 때에 해서, 듣는 사람에게 은혜가 되게 하십시오. _에베소서 4:29

딸아,
너는 나의
보석이란다

My Princess...
GUARD YOUR TONGUE

Remember, My love, your tongue has the power of life and death. Every day you will be faced with the opportunity to talk about others. I'm asking you to let Me take control of your conversations. When you are tempted to give in to gossip, pray. I'm the only One who can tame your tongue. I know how hard it is to think before you speak, but I will help you. I want you to be careful who you listen to and what conversations you engage in. Socializing with the wrong people and getting involved with useless conversation or harmful hearsay can cost you friendships and your reputation. I am willing to listen to all that concerns you about others. So talk to Me first, and I will give you words of wisdom in how to build up others and glorify Me.

Love, Your King who purifies your tongue

Do not let any unwholesome talk come out of your mouths, but only what is helpful for building others up according to their needs, that it may benefit those who listen. _EPHESIANS 4:29, NIV

나의 보석, 내 딸아
죄의식에서 벗어나라

나의 딸아, 모든 사람이 죄를 지었고 나의 영광에 미치지 못하였다. 그러니 너도 넘어질 때 네 자신을 용서하거라. 네가 내게 부르짖으며 회개할 때 내가 너를 일으켜 주겠다. 어떤 죄도 네가 나의 딸로서 왕족의 삶을 다시 시작하지 못하도록 막을 수는 없다.

사랑하는 딸아, 나의 말씀을 읽어라. 내가 택한 많은 자들이 잘못을 저질렀지만 내가 그들 각 사람에게 새로운 시작을 주었듯이 네게도 똑같이 할 것이다. 이 날은 새날이고 나는 네 안에 새 일을 행할 준비가 되어 있다. 자, 이제는 죄의식에서 벗어나거라. 그리고 내가 잘못된 것을 해결해 줄 것을 믿어라. 내가 기대하는 인격으로 너를 만드는 것을 지켜 보아라. 나는 누구에게든 두 번째 기회를 주는 하나님이고 나의 자비는 영원하다!

너를 사랑한다. 너의 죄를 없애 주는 너의 왕

너희는 지나간 일을 기억하려고 하지 말며, 옛일을 생각하지 말아라. 내가 이제 새 일을 하려고 한다. _이사야 43:18-19

딸아,
너는 나의
보석이란다

My Princess...
LET GO OF GUILT

All have sinned and fallen short of My glory, so why won't you forgive yourself when you fall? Don't you know that I will pick you up when you call out to Me and repent? There is no wrong that can keep Me, your King, from redeeming you back to your royal life again. Read My Word, My love; many of My chosen ones made mistakes. Just as I gave each of them a new start, so will I do the same for you. This is a new day, and I am ready to do a new thing in you. Now, let go of guilt, and trust Me to work out what went wrong. Just watch Me make you into the person I called you to be. I am the God of second chances, and My mercy endures forever!

Love, Your King who removes your guilt

"Forget the former things; do not dwell on the past. See. I am doing a new thing!" _ISAIAH 43:18-19, NIV

나의 보석, 내 딸아
너의 경계선을 그어라

나의 딸아, 네가 통제할 수 없고 감당할 수 없을 만큼 일이 많다고 느낄 때는 내게로 와라. 네가 조용히 너의 삶을 되돌아볼 수 있는 곳으로 데려다주겠다.

그 모든 일을 네가 해야 한다고 생각하지 마라. 나는 너를 모든 사람에게 중요한 존재로 부르지 않았다. 그것은 네가 스스로 진 짐이다.

내 아들 예수조차도 군중에게서 물러나 나와 단둘이 시간을 보낼 필요가 있었다.

너에게 가장 중요한 것들을 적어 보자. 그것이 네 마음의 평안과 삶의 목적을 지켜 줄 너의 경계선이다. 나도 큰 바다에 경계선을 그었잖니. 너의 귀중한 시간을 관리하고 "아니오"라고 말할 줄 아는 딸이 되었으면 좋겠다. "아니오!" 이 한마디가 너를 삶의 압박에서 놀라운 통제와 평안이 있는 곳으로 인도해 줄 것이다.

너를 사랑한다. 너의 경계선을 아는 너의 왕

발로 디딜 곳을 잘 살펴라. 네 모든 길이 안전할 것이다. 좌로든 우로든 빗나가지 말고, 악에서 네 발길을 끊어 버려라. _잠언 4:26-27

딸아,
너는 나의
보석이란다

My Princess...
SET YOUR BOUNDARIES

Come to Me, My precious, when you feel out of control and overextended. I want to take you to a place where you can be still and reflect on your life. I did not call you to be everything to everyone. You have placed that demand on yourself. Even My son, Jesus, needed to walk away from the demands of the crowd and find comfort alone with Me. Let's write out what really matters most to you, so we can draw some boundaries to preserve your peace of mind and purpose for living. Even I drew the boundaries around the mighty ocean. It's good to take control of your valuable time and realize it's all right to say no. That one word will deliver you from a life of pressure to a place of amazing control and peace.

Love, Your King who knows your boundaries

Mark out a straight path for your feet; then stick to the path and stay safe. Don't get sidetracked; keep your feet from following evil.

_PROVERBS 4:26-27

나의 보석, 내 딸아
내가 보내는 곳으로 가라

네가 있어야 할 곳을 묻는 너에게 주는 나의 대답은 '네가 지금 있는 모든 곳'이란다. 네가 나에게 쓰임받고 싶다고 기도하는 소리를 내가 들었고 나는 그 기도를 매우 기뻐한다. 너를 통해 나의 사랑이 따뜻하고 자유롭게 흘러가는 것보다 더 나를 기쁘게 하는 것은 없기 때문이다.

나는 네가 축복의 통로로 쓰임받을 만한 곳에 너를 전략적으로 둘 것이다. 네가 나의 능력만 의지한다면 너는 아주 작은 노력으로도 다른 사람의 짐을 덜어줄 수 있다.

내가 너에게 아무도 주목하지 않는 일을 시킬 때, 왜 그렇게 하는지 항상 이해되지는 않겠지만 순종해 주었으면 좋겠다. 네가 무엇을 하든 그것은 바로 나를 위해 하는 것이고, 천국에 있는 모든 자들이 그 일을 볼 것이다. 그러니 오늘 내가 너를 보내는 곳으로 가라.

내가 이미 그 길을 예비해 놓았다.

너를 사랑한다. 너의 왕, 너의 길

그러므로 나의 사랑하는 형제자매 여러분, 굳게 서서 흔들리지 말고, 주님의 일을 더욱 많이 하십시오. 여러분이 아는 대로, 여러분의 수고가 주님 안에서 헛되지 않습니다. _고린도전서 15:58

딸아,
너는 나의
보석이란다

My Princess...
GO WHERE I SEND YOU

You seek Me for your place in this world, and My answer to you is wherever you are standing. I love to hear you pray to be used by Me. Nothing pleases Me more than when your love flows warm and free. When you're willing, I am ready to strategically place you somewhere to be a blessing. Even the smallest effort can lift the burden of someone else when you are living by My power. You won't always understand why I send you to do things that no one else will see, but you don't work for others — you work for Me. What you do now will be seen by all on the other side of eternity. So go where I send you today, knowing that I have prepared the way.

Love, Your King who is the Way

Be strong and steady, always enthusiastic about the LORD's work, for you know that nothing you do for the LORD is ever useless.

_1 CORINTHIANS 15:58

나의 보석, 내 딸아
너의 성전을 돌보아라

사랑하는 딸아, 너는 특별한 보석이란다. 너는 나의 성전이고 나는 네 안에 살고 있다. 나는 너를 나의 성령이 사는 거룩한 곳으로 창조했다. 나는 네가 모든 세상이 볼 수 있는 찬란하고 빛나는 나의 작품이 되기를 바란다.

영원한 왕인 내가 네 안에 거해도, 너의 몸은 쉼이 필요하다. 너 자신을 위해 시간을 내라. 너의 정신적, 영적 건강은 그 시간에 달려 있단다. 그것은 이기적인 것이 아니니 타인을 의식해서 죄책감을 느끼지는 말아라. 너와 나는 네 주변 사람들의 마음을 어루만지는 거룩한 목적과 사명을 위해 완벽한 조화를 이루며 일할 것이다.

조용한 시간에 나의 임재 안으로 들어오너라. 내가 너의 성전을 영적인 힘으로 강건케 하고 정결케 하리라. 나는 네가 필요한 모든 것을 기쁘게 주는 너의 왕이다.

너를 사랑한다. 너를 정결케 하는 너의 왕

여러분은 하나님의 성전이며, 하나님의 성령이 여러분 안에 거하신다는 것을 알지 못합니까? 누구든지 하나님의 성전을 파괴하면, 하나님께서도 그 사람을 멸하실 것입니다. 하나님의 성전은 거룩합니다. 여러분은 하나님의 성전입니다. _고린도전서 3:16-17

딸아,
너는 나의
보석이란다

My Princess...
TAKE CARE OF YOUR TEMPLE

My love, you are My special treasure. You are My royal temple, and I—your King—dwell within you. I created you to be a royal, holy place where My Holy Spirit lives. I want you to be a glorious, shining example of My handiwork for the entire world to see. Although your eternal King resides in you, your body is still in need of rest. Take time for yourself; your mental and spiritual health depend on it. You're not being selfish by doing this, so don't let others make you feel guilty about your decision. My princess, you and I will work in complete harmony with a divine purpose and a royal commission—to touch the hearts of those around you. In your quiet times, My precious one, come into My presence, and let Me refresh your temple with My spiritual strength. It is My good pleasure to give you all you need.

Love, Your King and your Caretaker

Don't you know that you yourselves are God's temple and that God's Spirit lives in you? If anyone destroys God's temple. God will destroy him; for God's temple is sacred, and you are that temple.

_1 CORINTHIANS 3:16-17, NIV

나의 보석, 내 딸아
사랑은 게임이 아니다

나의 딸아, 내 말을 들어라. 사랑은 게임이 아니다. 사랑은 선물이다.
너의 마음을 귀하게 다루지 않는 사람들도 있을 것이다. 그래도 너의
마음은 값을 따질 수 없을 만큼 귀하다.

지금 너의 관계들을 생각해 보아라. 너의 내면 세계로 들어오도록 허
락한 사람들은 누구니? 그들이 너를 나에게로 가까이 오게 하니, 아
니면 나에게서 멀어지게 만드니?

나는 너를 자유케 하려고 내 생명을 주었다. 나는 네가 사람들의 인정
을 받으려고 '관계 게임'을 하지 않았으면 좋겠다. 이 게임을 선택하
면 너는 내가 너를 위해 준비한 모든 것을 잃게 될 것이다.

나는 너의 아버지이고, 나의 딸에게 무엇이 유익한지를 안다. 나를 꼭
붙들고 너에게 해로운 사람들을 떠나 보내라. 그래야 네가 그들의 영
향력에서 자유해지고, 진정한 관계를 아는 지혜를 얻게 될 것이다.

너를 사랑한다. 너를 값 주고 산 너의 왕

여러분은 여러분 자신의 것이 아닙니다. 여러분은 하나님께서 값을 치르고 사
들인 사람입니다. 그러므로 여러분의 몸으로 하나님을 영화롭게 하십시오.

_고린도전서 6:19-20

딸아,
너는 나의
보석이란다

My Princess...
LOVE IS NOT A GAME

Listen to Me, My princess. Love is not a game—it is a gift. I know there are those who don't sincerely care for your heart, but I say that your heart is priceless. Reflect on your relationships, My royal one. Who are you allowing into your private world? Do they draw you closer to Me, or do they weaken your faith in Me and draw you away? I gave My life so you could be free. I don't want you to play "relational games" to get the approval of people. If you choose to play these games, you will miss out on all I have for you. I am your Father, and I know what's right for My daughter. Hold on to Me and let go of those who harm you. Then you'll be free from their power, and you'll be wise enough to see what a real, lasting relationship is meant to be.

Love, Your King who bought you

You are not your own; you were bought at a price. Therefore honor God with your body. _1 CORINTHIANS 6:19-20, NIV

나의 보석, 내 딸아
다른 사람을 받아들여라

나의 딸아, 너는 특별한 사람이다. 너의 사고방식과 네가 가진 재능들은 내게서 받은 선물이다. 이 선물은 너 자신을 다른 사람들과 비교하거나 그들을 정죄하라고 준 것이 아니다.

너는 둘도 없는 사람이다! 주위를 둘러보렴. 내가 얼마나 다양한 사람들로 세상을 아름답게 만들었는지. 내가 창조한 세계의 영광은 섬세함과 다양함에 있다.

관계의 아름다움은 서로 다른 재능과 성격들이 내 안에서 조화를 이룰 때 발견된다. 네가 할 일은 다른 사람들을 너처럼 만드는 게 아니고, 내가 너를 그대로 받아 준 것처럼 그들을 받아들이고, 그들이 내가 준 선물을 열 수 있도록 도와주는 것이다.

나는 네게 다른 사람들을 깎아내리는 재능이 아니라 어루만져 주는 재능을 주었음을 잊지 마라.

너를 사랑한다. 너의 왕, 너의 최고의 선물

은사는 여러 가지지만, 그것을 주시는 분은 같은 성령이십니다.

_고린도전서 12:4

딸아,
너는 나의
보석이란다

My Princess...
ACCEPT OTHERS

You, My unique princess, are your own special person. The way you think and the talents you have are a gift from Me. I did not give you this gift to compare yourself to others or to condemn others. No one is you! I want you to look around and see the way I colored the world with different kinds of people. The glory of My creation is seen in the details and in the differences. The beauty of relationships is found when different gifts and temperaments come together in My harmony. Your purpose is not to mold others to be like you, but to help them to open their own gifts by accepting them the way I accent you. Remember, My pretty princess, I gave you a talent to touch others—not to tear them down.

Love, Your King and your Ultimate Gift

There are different kinds of gifts, but the same Spirit.

_1 CORINTHIANS 12:4, NIV

나의 보석, 내 딸아
너는 나의 최고의 작품이다

나는 내가 창조한 것을 사랑한다. 내 딸아, 나는 너를 기뻐한다!

네가 완벽하지 않다고 불안해하지 마라. 나는 너를 나의 형상대로 지었고, 너의 독특함은 내가 준 선물이다.

사람이 만든 틀에 너를 억지로 끼워 맞추라고 내가 너에게 인생을 준 것이 아니다. 너는 왕족이다. 그러나 이 진리는 거울로 볼 수 있는 것이 아니다. 내가 너의 거울이 되게 해다오. 그러면 내가 너의 진정한 아름다움을 보여 주겠다.

네가 나를 바라볼수록 네 안에서 나의 솜씨를 더 많이 보게 될 것이다. 네가 진짜 누구인지를 빨리 볼수록, 특별한 사명을 받은 나의 공주로서 너의 통치권을 빨리 행사할 수 있다.

너를 사랑한다. 너의 왕, 너의 창조주

우리는 하나님의 작품입니다. 선한 일을 하게 하시려고, 하나님께서 그리스도 예수 안에서 우리를 만드셨습니다. 하나님께서 이렇게 미리 준비하신 것은, 우리가 선한 일을 하며 살아가게 하시려는 것입니다. _에베소서 2:10

딸아,
너는 나의
보석이란다

My Princess...
YOU ARE MY MASTERPIECE

I love what I have created. I am delighted in you!

Don't ever feel insecure about what you think you are not, because I made you in My image and your uniqueness is a gift from Me. I did not give you a life, My love, for you to squeeze into a man-made mold. You are royalty, but you won't discover that truth by gazing into a mirror. Let Me be your mirror and I will reflect back to you your true beauty. The more you gaze at Me, the more you will see My workmanship in you. The sooner you see yourself for who you really are, the sooner you can begin your reign as My priceless princess with a purpose.

Love, Your King and your Creator

For we are God's masterpiece. He created us anew in Christ Jesus so that we can do the good things he planned for us long ago.

_EPHESIANS 2:10

나의 보석, 내 딸아
나는 한없이 너를 사랑한다

나의 딸아, 내가 너를 얼마나 사랑하는지 말로는 다 표현할 수가 없구나. 나는 그 사랑에 목숨을 걸었고, 너를 위해 십자가를 선택했다. 그런데도 너는 네 자신이 사랑스럽지 않다고 느낄 때가 많더구나. 너는 나의 사랑을 얻으려고 노력하지 않아도 된다. 나는 이미 너를 사랑하고 있다. 너는 내가 만든 존재란다. 너를 향한 나의 마음을 의심하지 말아다오.

나는 너의 연인이다. 내가 너의 모든 필요를 채우게 해다오. 엉뚱한 곳에서 거짓된 사랑을 찾는 일은 이제 그만 두어라. 내가 너의 마음을 온전히 사로잡아서 영원한 사랑으로 채울 수 있게 해다오.

그러면 너는 나의 거룩한 임재를 느끼고, 나와 사랑을 나누게 될 것이다.

너를 사랑한다. 너를 향한 사랑을 멈출 수 없는 너의 왕

지식을 초월하는 그리스도의 사랑을 알게 되기를 빕니다. 그리하여 하나님의 온갖 충만하심으로 여러분이 충만하여지기를 바랍니다. _에베소서 3:19

My Princess...

I LOVE YOU BEYOND DESCRIPTION

There are no words to describe how much I love you. That is why I stretched out My arms of love and died for you. I know sometimes you don't feel lovable, but you don't have to earn My affection. I adore you. You are My creation. I never want you to doubt My commitment to you.

I am the Lover of your soul, so let Me meet your every need. I long to set you free from searching for false love in the wrong places. Let Me hold on to your heart and fill you up with eternal love. Then you will feel My Holy presence and fall in love with Me.

Love, Your King who can't stop loving you

May you experience the love of Christ, though it is so great you will never fully understand it. Then you will be filled with the fullness of life and power that comes from God. _EPHESIANS 3:19

나의 보석, 내 딸아
천국에 너의 집이 있다

내가 너를 위해 천국에 집을 예비해 놓았는데 알고 있니?

그 집은 네가 상상하는 것보다 훨씬 아름답다. 너를 기다리고 있는 그 장엄한 아름다움은 네가 본 적도 들은 적도 없는 것이다.

내가 택한 자야, 너의 인생을 영원의 관점에서 보아라.

네가 천국으로 건너갈 때 이 세상의 집에서는 어떤 것도 가져갈 수가 없다. 네가 이 땅에 있는 이유는 인생을 바꿔 놓는 구원의 소식을 전하기 위해서이다.

물건을 모으지 말고 사람들을 모아라. 나는 다른 사람들을 내게로 데려오라고 너를 불렀다. 기억해라. 네가 소유하고 있는 것 때문에 내게 가까이 올 사람은 없다. 그들에게 내가 그들을 얼마나 사랑하는지 말해 주어라. 그들은 그들의 삶을 향한 나의 놀라운 계획에 대해 알아야 하고, 그들을 기다리고 있는 영원한 나라에 대해서도 알아야 한다.

너를 사랑한다. 너의 왕, 너의 영원한 천국 건설자

그러나 성경에 기록한 바 "눈으로 보지 못하고 귀로 듣지 못한 것들, 사람의 마음에 떠오르지 않은 것들을, 하나님께서는 자기를 사랑하는 사람들에게 마련해 주셨다" 한 것과 같습니다. _고린도전서 2:9

딸아,
너는 나의
보석이란다

My Princess...
YOU HAVE A HOME IN HEAVEN

Did you know that I have prepared a home for you in heaven? It is more beautiful than you can ever imagine. Your eyes have not seen nor have your ears heard the majestic beauty that awaits you. But for now, My chosen one, I need you to learn to see your life with an eternal perspective. When you cross over into heaven, you won't be able to bring anything from your home here on earth. You're only here to bring forth My life-changing news of salvation. Don't collect things; collect people. I have called you to bring others to Me. Remember, no one will grow closer to Me because of what you have. Tell them how much I love them. They need to know about My amazing plans for their lives and about the eternal kingdom that awaits them, too.

Love, Your King and your Eternity Builder

"No eye has seen, no ear has heard, and no mind has imagined what God has prepared for those who love him." _1 CORINTHIANS 2:9

나의 보석, 내 딸아
너는 나의 기쁨이다

네 안에 꽃피는 내면의 아름다움과 네가 내 안에서 성장하는 모습을 지켜보는 것은 내게 굉장히 큰 즐거움이다. 나는 우리가 함께 보낸 모든 순간을 기뻐한다. 내가 네 마음의 소원을 이뤄 주는 것을 기뻐한다. 네가 나를 부르는 소리를 듣는 것도 기뻐한다.

네가 내게 중요하지 않은 존재라는 생각은 하지 마라. 너를 향한 나의 사랑을 의심할 이유도 전혀 없다. 나는 네가 나와 나의 사랑 안에서 기쁨을 누리기를 항상 기다린단다. 너를 넘치도록 축복하는 것은 나의 즐거움이다. 너의 깊은 필요와 욕구를 다른 사람에게서 채우려는 시도는 하지 마라. 그것은 결국 공허함과 실망만 안겨 줄 뿐이다.

오직 나만이 너의 눈물을 기쁨으로 바꾸고 네 마음의 공허함을 채울 수 있다. 그러니 내 안에서 기뻐해라. 그러면 풍성한 삶을 살게 될 것이다. 너는 나의 기쁨이란다.

너를 사랑한다. 너의 왕, 너의 영원한 기쁨의 주

우리가 걷는 길이 주님께서 기뻐하시는 길이면, 우리의 발걸음을 주님께서 지켜 주시고. _시편 37:23

딸아,
너는 나의
보석이란다

My Princess...
YOU ARE MY DELIGHT

It brings Me great pleasure to see internal beauty blossom inside of you and to watch you grow up in Me. I delight in every moment we spend together. I delight in giving you the desires of your heart. I delight in hearing you call out to Me. Don't ever feel like you're unimportant to Me. There is no reason for you to feel unsure of My love for you. I am always waiting for you to delight yourself in Me and in My love. It is my pleasure to bless you abundantly. Don't look to anyone else to meet your deepest wants and needs, because you will only end up empty and disappointed. Only I can turn your tears into joy and fill the emptiness in your heart. So delight yourself in Me, and you will live life to the fullest because you are My delight.

Love, Your King and your Lord of Eternal Delight

The steps of the godly are directed by the LORD. He delights in every detail of their lives. _PSALM 37:23

나의 보석, 내 딸아
나를 찾으라

나는 아무리 오래 걸려도 너를 기다릴 것이다. 네가 나를 찾을 때보다 나를 더 기쁘게 하는 것은 없다.

비바람을 피할 곳을 찾는 외로운 나그네처럼 내게로 와라. 나의 지붕 아래서 위로를 얻고, 나의 방 안에서 안전함을 찾아라. 나로 너의 은신처가 되게 해라. 이를 위해 내가 너를 창조했다.

너는 결코 인생의 춥고 외로운 길에서 홀로 방황하도록 지어지지 않았다. 그러니 아침에 나를 찾고 낮과 밤에도 나를 찾아라.

너의 온 마음으로 나를 추구해라.

그렇게 할 때 너는 나에게서 피난처 이상을 발견하게 될 것이다.

너의 짐을 내려놓고 쉴 수 있는 곳을 발견하게 될 것이다.

또한 내가 처음부터 끝까지 줄곧 너를 뒤쫓고 있었다는 것도 알게 될 것이다.

너를 사랑한다. 너의 왕, 너의 피난처

주님, 나에게 단 하나의 소원이 있습니다. 나는 오직 그 하나만 구하겠습니다. 그것은 한평생 주님의 집에 살면서 주님의 자비로우신 모습을 보는 것과, 성전에서 주님과 의논하면서 살아가는 것입니다. _시편 27:4

딸아,
너는 나의
보석이란다

My Princess...
SEEK AFTER ME

I will wait for you as long as it takes. There is nothing that pleases Me more than when you, My princess, seek after Me. Like a lonely traveler seeking shelter from a storm, come to Me. Take comfort under My roof. Find security within My walls. Let Me be your hiding place. That is what I created you for. You were never meant to wander the cold, lonely streets of life alone. So seek Me in the morning, and seek Me throughout the day and into the evening. Pursue Me with all your heart. When you do, you will find more than shelter. You will find a place to lay down your burdens and rest. You will also discover that I have been pursuing you all along.

Love, Your King and your Shelter

The one thing I ask of the LORD — the thing I seek most — is to live in the house of the LORD all the days of my life. _PSALM 27:4

나의 보석, 내 딸아
탁월함을 추구해라

나는 네가 탁월함의 기준을 세우기 바란다. 주위를 둘러보아라.
많은 사람들이 탁월한 본보기를 모른 채 살아가고 있다.
너는 지금보다 높은 수준의 삶을 살도록 창조되었다.
네 안에 있는 나의 영은 최고가 되고 최선을 다하고 싶은 너의 소원
과 손잡고 사람들을 평범한 수준에서 나오도록 자극하는 놀라운 능
력이 있다. 우리는 그들을 격려해서 남을 축복하고 아낌없이 나누어
주는 풍성한 삶으로 인도할 수 있다.
날마다 내게로 와라. 그래서 내가 초자연적인 영역에서만 가능한 탁
월한 수준으로 너를 높이게 해라. 네 힘으로 애쓰다가 나가떨어지지
말고 내게로 와라. 나는 네가 탁월한 삶에 이를 수 있는 능력과 열정
을 줄 수 있고 그럴 준비도 되어 있다.
너를 사랑한다. 너의 관대한 왕

여러분은 모든 일에 있어서 뛰어납니다. 곧 믿음에서, 말솜씨에서, 지식에서,
열성에서, 우리와 여러분 사이의 사랑에서 그러합니다. 여러분은 이 은혜로운
활동에서도 뛰어나야 할 것입니다. _고린도후서 8:7

딸아,
너는 나의
보석이란다

My Princess...
STRIVE FOR EXCELLENCE

I chose you to set a standard of excellence. Look around you, My loved one. Many have no example of what excellence looks like. You were created to live a life that displays a higher standard. My Spirit in you, combined with your desire to be the best and do the best, has the amazing ability to inspire others to break free from mediocrity. Together, we will encourage them to step into an abundant life of blessings and generous giving. Come to Me every day, and let Me lift you to a level of excellence that is only possible in the supernatural realm. I don't want you to wear yourself out by trying to empower yourself. Remember I am ready and able to equip you with the power and passion to achieve an excellent life.

Love, Your Generous King

Since you excel in so many ways—you have so much faith, such gifted speakers, such knowledge, such enthusiasm, and such love for us—now I want you to excel also in this gracious ministry of giving.

_2 CORINTHIANS 8:7

나의 보석, 내 딸아
너의 마음을 지켜라

내가 너에게 갓 태어난 아기를 준다면, 너는 그 아기를 생명을 다해 보호할 것이다. 너의 팔은 강하고, 너의 발은 든든하고, 너의 눈은 잠시도 방심하지 않을 것이다.

내가 믿을 수 있는 딸아, 주의해라! 내가 네 안에 그만큼 귀중하고 섬세한 것을 두었다. 그것은 너의 마음, 바로 너의 생명이다! 그것을 귀중히 여기고 잘 보호해라. 있는 힘을 다해 그것을 돌보아라.

세상과 세상의 모든 쾌락은 너의 마음을 나에게서 훔쳐내서 죽이기 위해 무슨 일이든 하는 유괴범과 같다. 나의 보석아, 비록 세상의 죄악된 쾌락들이 해로워 보이지 않을지라도 그것들은 너를 나에게서 떼어 놓을 것들이다. 갓난아기는 사랑의 돌봄이 없으면 무기력하듯이 너 또한 너의 마음이 나를 떠나면 고통을 받게 될 것이다. 그래서 너의 마음을 지키고 너의 생명의 근원인 내게 꼭 붙어 있으라고 부탁하는 것이다.

너를 사랑한다. 너의 왕, 너에게 생명을 준 자

그 무엇보다도 너는 네 마음을 지켜라. 그 마음이 바로 생명의 근원이기 때문이다. _잠언 4:23

My Princess...
GUARD YOUR HEART

If I were to hand you a fragile, newborn baby girl, I know that you would protect her with your life. Your arms would be strong, your feet sure, and your eyes ever watchful. Be careful, My trusted one! For I have placed something just as precious and delicate within you. It is your heart...your very life! Treasure it. Protect it. Watch over it with all your strength. For the world and all its pleasures are like kidnappers who will stop at nothing to steal your heart away from Me and destroy it. I want what is best for you, My treasured one, and although you sometimes feel that the sinful pleasures of this world don't seem harmful, they will separate you from Me. Just as a newborn is helpless without loving care, you also will suffer if your heart is taken from Me. So I'm asking you to guard your heart and cling to Me, the Source of your life.

Love, Your King and your Life Giver

Above all else, guard your heart, for it is the wellspring of life.

_PROVERBS 4:23, NIV

나의 보석, 내 딸아
너는 영원히 기억될 것이다

너의 인생은 너의 자녀의 자녀들을 축복할 보물이다. 나는 네 본보기를 좇을 다음 세대들을 위해 미래를 개척하라고 너를 선택했다. 기억해라. 네가 이 세상에서 사라지고 난 훨씬 뒤에도 계속 살아 있는 것은 너의 선택과 너의 성품과 너의 사랑과 나에 대한 순종이다.

네가 너의 소명에 따라 살아가는 모습을 지켜본 모든 사람들을 나의 영이 계속 인도하고, 그들에게 소망을 줄 것이다. 나는 내 피로 모든 것을 덮었고 너의 모든 죄를 씻어 주었다. 내가 너를 불렀을 뿐만 아니라 너와 함께 그리고 너를 통해 이 영광스러운 삶을 살 것임을 아는 기쁨과 목적을 네가 발견하기를 원한다.

네가 나와 동행할 때 너의 삶은 단지 추억 이상의 것이 될 것이다. 그것은 너를 사랑한 모든 사람들의 마음과 삶에 지울 수 없는 흔적을 남길 것이다. 네가 나를 사랑했기 때문에 그들의 자손의 자손까지 복을 받게 될 것이다.

너를 사랑한다. 너의 왕, 너의 미래

할렐루야. 주님을 경외하고 주님의 계명을 크게 즐거워하는 사람은, 복이 있다. 그의 자손은 이 세상에서 능력 있는 사람이 되며, 정직한 사람의 자손은 복을 받으며, 그의 집에는 부귀와 영화가 있으며, 그의 의로움은 영원토록 칭찬을 받을 것이다. _시편 112:1-3

딸아,
너는 나의
보석이란다

My Princess...
YOU WILL FOREVER BE REMEMBERED

Your life is a treasure that will bless your children's children! I have chosen you, My princess, to carve out the future for the generations that follow your example. Remember, it's your choices, your character, your love and obedience to Me that will live on long after you are gone from this world. My Spirit will continue to give guidance and hope to all who have watched you live out your call. I have covered everything with My blood and have cleansed you from all sin. I want you to discover the joy and purpose of knowing that not only have I called you, I also will live out this great honor with you and through you. When you walk with Me, the model of your life will be more than a memory; it will leave an indelible mark on the hearts and lives of all who loved you. Even their children's children will be blessed because you loved Me.

Love, Your King and your Future

Happy are those who delight in doing what he commands. Their children will be successful everywhere; an entire generation of godly people will be blessed. They themselves will be wealthy, and their good deeds will never be forgotten. _PSALM 112:1-3

나의 보석, 내 딸아
너는 나로 시작하고 나로 끝맺는다

나의 보석아, 너의 인생이 언제 끝날지 염려하지 마라. 너는 너의 첫 호흡이 나와 함께 시작되었고, 너의 마지막 호흡이 너를 나에게로 인도할 것이라는 사실만 알면 된다. 죽음이나 영원에 대한 두려움 때문에 결코 무서워하지 마라. 너의 오늘과 내일은 나로 인해 안전하다. 그 모든 날이 태초부터 내 손 안에 있다.

이 세상에서의 짧은 생애가 끝나고 내가 너를 내 앞으로 부를 때, 천국에서의 영원한 삶이 시작된다.

그러나 지금은 두려움에서 자유로운 삶을 살아라. 두려움 대신 너의 인생길에서 만나게 될 모든 시험을 통과할 수 있도록 내가 도울 것을 믿어라. 세상의 그 어떤 것도 우리를 갈라놓을 수 없단다. 나는 항상 너와 함께 있다. 이 세상 끝날까지.

그러니 우리가 영원의 저편에서 얼굴을 맞대고 만나는 그 날에 소망을 두고 인생을 멋지게 마무리해라.

너를 사랑한다. 너의 영원한 왕

"나는 알파며 오메가, 곧 처음이며 마지막이다. 목마른 사람에게는 내가 생명수 샘물을 거저 마시게 하겠다."_요한계시록 21:6

딸아,
너는 나의
보석이란다

My Princess...
YOU BEGIN AND END WITH ME

You need not worry when your life will end, My precious child. All you need to know is that your first breath began with Me, and your last breath will lead you to My presence. Don't ever let fear of death or eternity frighten you. Your todays and tomorrows are secure with Me—I have held them in My hand since the beginning of time. When you finish your brief time on earth and I call you into My presence, your forever life in heaven will begin. But for now, My chosen one, you must live free from fear. Instead, trust Me to take you through every trial that comes your way. Remember that nothing in the universe can separate us. I am with you always...even until the end of time. So live well and finish strong—fixing your hope on the day that we will meet face-to-face on the other side of eternity.

Love, Your Eternal King

"I am the alpha and the omega, the beginning and the end. To him who is thirsty I will give to drink without cost from the spring of the water of life." _REVELATION 21:6, NIV

하나님의 선물

이 사랑의 편지를 읽는 동안 하나님의 사랑과 능력, 약속이 당신을 위한 것임을 발견하기를 기도합니다. 그러나 나는 당신이 그 왕을 개인적으로 친밀하게 안다는 확신 없이 이 책을 덮게 할 수는 없습니다.

왜냐하면 하나님의 사랑에 대해 읽는다고 그분의 영원한 나라에 들어가는 것은 아니기 때문입니다.

우리는 그분의 초대를 받아들이고 그분의 아들, 예수 그리스도라는 선물을 받아야 합니다. 다음의 간단한 기도를 나와 함께 함으로써 영원한 공주의 왕관을 쓰는 특권을 누리시기 바랍니다.

사랑하는 하나님, 저는 더 이상 당신이 없는 삶을
살고 싶지 않습니다. 저는 당신이 저를 위해 당신의 아들을
보내서 죽게 하셨다는 사실을 믿습니다.
그리고 그분이 나의 주, 나의 왕이 되기를 원합니다.
저의 죄를 고백하고 저에게 구원자가 필요함을 고백합니다.
당신이 값없이 주시는 영원한 생명을 선물로 받겠습니다.

딸아,
너는 나의
보석이란다

당신의 생명책에 제 이름을 써주셔서 감사합니다.
예수님 이름으로 기도합니다. 아멘.

당신이 진실한 마음으로 이 기도를 했다면, 천사들이 기뻐하는 것과 살아
계신 하나님의 성령이 지금 당신 안에 계시는 것을 알 수 있을 것입니다.
당신이 이 세상에 머무는 동안 내가 당신을 만나는 영광을 얻지 못한다
면 영원의 저편에서 당신을 축하하게 되기를 고대합니다. 그때까지 우리
의 왕이 당신의 발걸음을 축복하시기를 바라며.

그리스도 안에서 당신의 자매가 된

세리 로즈

내가 진정으로 진정으로 너희에게 말한다. 내 말을 듣고 또 나를 보내신
분을 믿는 사람은, 영원한 생명을 가지고 있고 심판을 받지 않는다. 그는
죽음에서 생명으로 옮겨갔다.

_요한복음 5:24

영한대조
딸아, 너는 나의 보석이란다

초판 1쇄 발행 2016년 11월 19일
초판 18쇄 인쇄 2024년 2월 15일

지은이 세리 로즈 세퍼드
옮긴이 나명화
펴낸이 정선숙

펴낸곳 협동조합 아바서원
등록 제 274251-0007344
주소 경기도 고양시 덕양구 삼원로51 원흥줌하이필드 606호
전화 02-388-7944 **팩스** 02-389-7944
이메일 abbabooks@hanmail.net

ⓒ협동조합 아바서원, 2016

ISBN 979-11-85066-62-2 03230

이 도서의 국립중앙도서관 출판예정도서목록(CIP)은 서지정보유통지원시스템 홈페이지(http://seoji.nl.go.kr)와
국가자료공동목록시스템(http://www.nl.go.kr/kolisnet)에서 이용하실 수 있습니다. (CIP제어번호 : CIP2016026746)